新版

観光コースでない東京

『江戸』と『明治』と『戦争』と

文：轡田隆史
Kutsuwada Takafumi
写真：福井理文
Fukui Ribun

ANOTHER TOKYO

高文研

もくじ

Ⅱ 「明治」と「戦争の神々」を歩く

Ⅲ 文化の散歩道

Ⅳ ここから「戦争」が見える

装丁　商業デザインセンター・松田礼一

埼玉県
千葉県
あきる野市
五日市郷土館
横田基地
東大和市
昭和記念公園
東京都
小仏峠
立川
東京
府中宿高札場跡
山梨県
東京湾
神奈川県

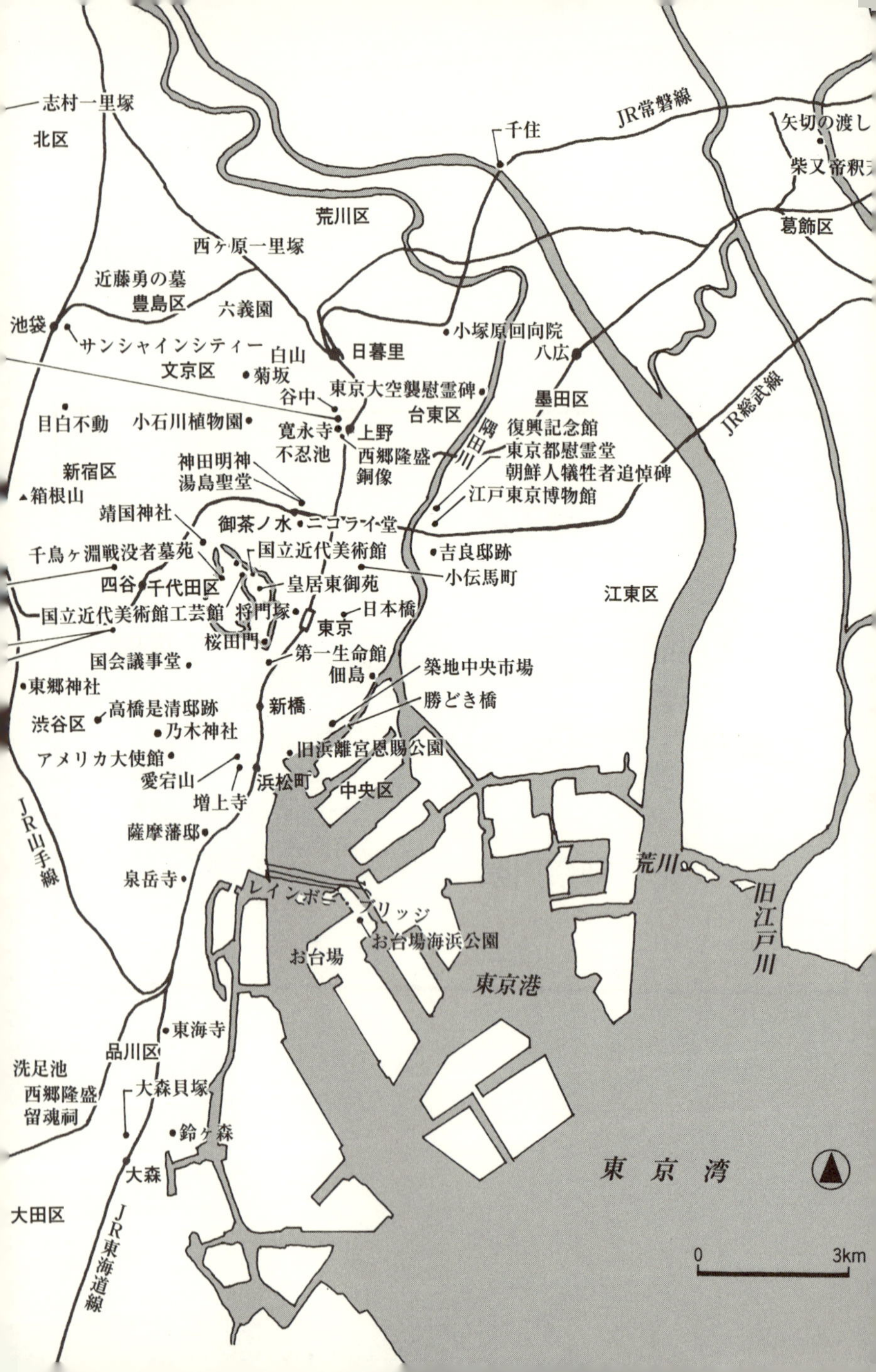
志村一里塚
北区
JR常磐線
千住
矢切の渡し
柴又帝釈
荒川区
葛飾区
西ヶ原一里塚
近藤勇の墓
豊島区
六義園
池袋
サンシャインシティー
小塚原回向院
日暮里
八広
白山
文京区
菊坂
東京大空襲慰霊碑
墨田区
谷中
台東区
目白不動
小石川植物園
寛永寺
上野
復興記念館
不忍池
西郷隆盛
銅像
東京都慰霊堂
JR総武線
神田明神
湯島聖堂
新宿区
朝鮮人犠牲者追悼碑
箱根山
江戸東京博物館
靖国神社
御茶ノ水
ニコライ堂
千鳥ヶ淵戦没者墓苑
国立近代美術館
吉良邸跡
四谷
千代田区
皇居東御苑
小伝馬町
江東区
国立近代美術館工芸館
将門塚
日本橋
東京
桜田門
第一生命館
国会議事堂
築地中央市場
佃島
東郷神社
勝どき橋
高橋是清邸跡
新橋
渋谷区
乃木神社
旧浜離宮恩賜公園
アメリカ大使館
愛宕山
浜松町
中央区
増上寺
JR山手線
薩摩藩邸
荒川
旧江戸川
泉岳寺
レインボーブリッジ
お台場海浜公園
お台場
東京港
東海寺
品川区
洗足池
西郷隆盛
留魂祠
大森貝塚
鈴ヶ森
東京湾
大森
大田区
JR東海道線
0
3km

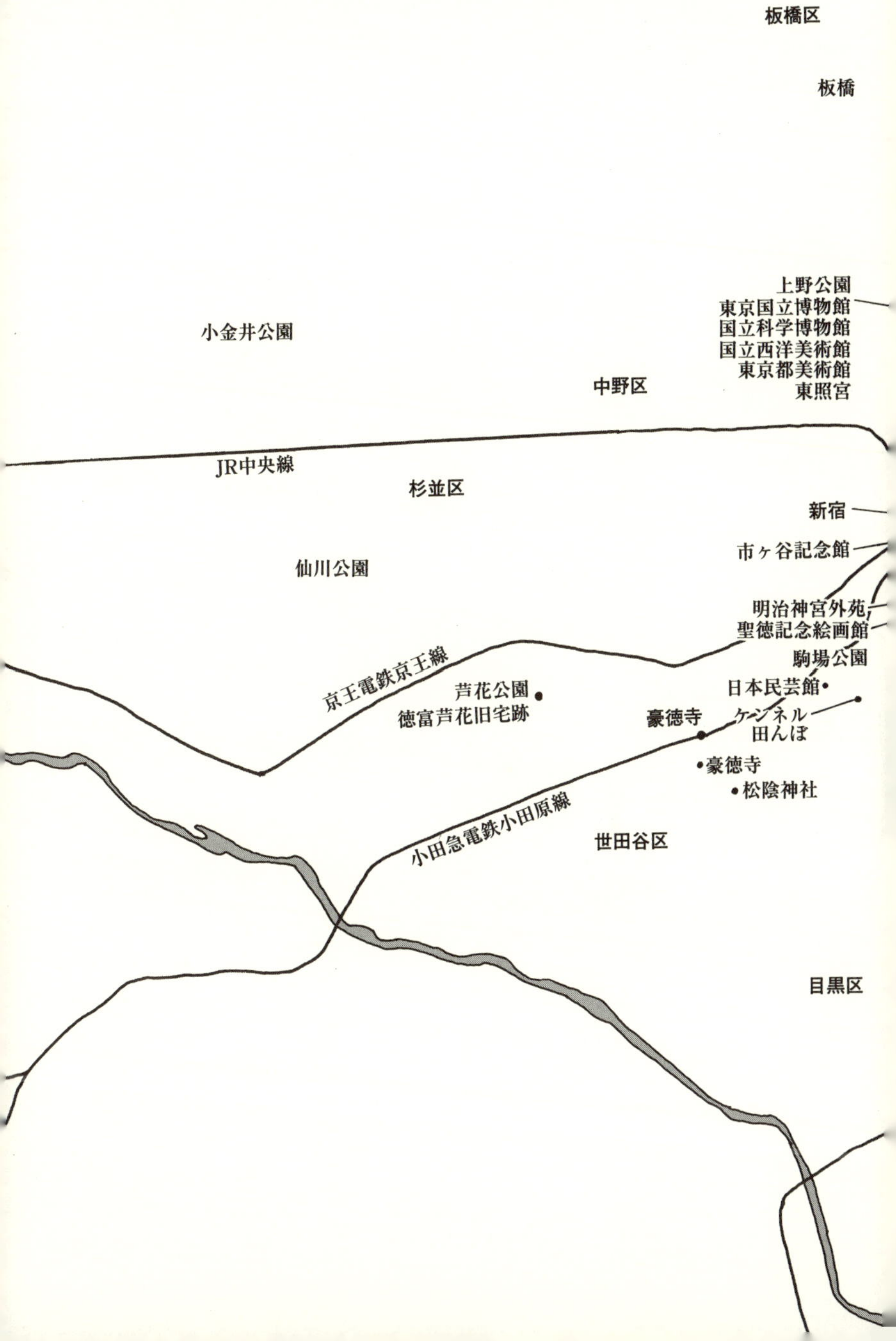

板橋区
板橋
上野公園
東京国立博物館
国立科学博物館
国立西洋美術館
東京都美術館
東照宮
小金井公園
中野区
JR中央線
杉並区
新宿
市ヶ谷記念館
仙川公園
明治神宮外苑
聖徳記念絵画館
駒場公園
京王電鉄京王線
芦花公園
徳富芦花旧宅跡
日本民芸館
豪徳寺
ケンネル
田んぼ
豪徳寺
松陰神社
小田急電鉄小田原線
世田谷区
目黒区

◉――はじめに

東京港を大きくまたいでいる「レインボー・ブリッジ」が、次第に橋らしい形を整えてゆくのを、毎朝眺めながら暮らした時期がある。

「昭和天皇」がお亡くなりになった年の昭和六十四（一九八九）年一月から八年間、わたしは朝日新聞夕刊一面の下のほうにあった、横長の小さなコラム『素粒子』を一人で執筆しつづけていた（わたしが引退して、後任の論説委員と交代したあと、コラムは場所と字数がかわった）。

築地《つきじ》の社屋の六階にある、論説委員室の東南の角にわたしの机があった。イスに腰掛けたままクルリと回ると、視野いっぱいに港の景色が広がった。

橋はまだつながっていなかった。両端の橋脚から中央に向かって、毎日少しずつ橋桁《げた》が延びてゆくのを、ボンヤリ眺めながら、さあ何を書こうかと考えていたものだ。

橋桁は延びてゆくにしたがって、虹のような大きなカーブを、ゆっくりと宙に明らかにしていった。

やがてそれは真ん中で結び合わされた。まるで、両岸から二人の人間がそれぞれに手を延ばし合って、しっかりと握手をしたような感じだった。

歴史が姿をあらわす瞬間というのは、たとえばこんな風な具合なんだろうかと、こころときめくものを感じた。

江戸から東京へ。江戸時代から明治へ、さらに、大正、昭和へ、そして平成へ。歴史はこの橋のように、ゆっくりと動いて、あるときは激しく延び、あるときは止まったりしながら流れてきた。

イルミネーションで美しく輝く橋の全体像を眺めていると、まだ未完成の、つながっていなかったときの姿は、もう思い浮かべるのも難しくなっている。

かつてなにもなかった虚空にいま橋がかかっているのは、なにか不思議な光景だ。見つめていると、妙に想像力が刺激されるのは、変化を、ずっと眺めてきたせいだろうか。

想像力を働かせてゆけば、なにもない空間に、わたしたちは、わたしたち自身の「橋」をかけることができる。

東京のあちこちで、現在と過去の間に、想像の「橋」をかけてみよう。歴史は、ただの過去ではない。過去を自分のこころに引き寄せたときに、歴史が見えてくる。

にぎやかに人や車の行きかう銀座や新宿や渋谷や池袋に立って、ここが、大昔は一面の

◉——はじめに

草深い原野だったり、森であったことを、想像してみよう。

刀や槍を持った武士たちが往来し、商人たちが、金や銀の貨幣を用いて、にぎやかに商売をしている光景を想像してみよう。

アメリカ軍の爆撃機が空高く飛んで、ばらばらと爆弾や焼夷弾を落として、東京中が真っ赤に燃え上がっている光景を、想像してみよう。

そんな昔のありさまを、生きいきと思い描いてみるのは、そう簡単なことではないけれども、歴史について少しでも知っていれば、いま目の前にある、にぎやかな東京の姿のうしろに隠れてしまっている、もう一つの東京が、たとえボンヤリとであっても見えてくるはずである。

いや、一つどころか、もっともっと、いくつもの東京の歴史が見えてくるだろう。

東京を歩きながら、想像力によって、さまざまなことを「発見」する。歩く、とは、考えること。いろいろな、知的な楽しみ方の、一つの方法なのだ。

この案内書が、現在と歴史の間に、あなたと歴史の間に、あのレインボー・ブリッジのような「橋」をかけるのに、少しでも役に立てばうれしい。

I 東京で「江戸」をさがす

隅田川の中洲、江戸の漁師町佃島は、東京駅から
わずか 2 ㎞。高層住宅と江戸の名残のコントラス
トが奇妙な景観をつくりだしている。

まず、エド・エド・エドと、三回、こころの奥でつぶやいてもらいたい。

そう、あなたはいま、東京ではなく、江戸にいるのだ。

いま皇居のあるあたりは、十二世紀ごろには、もう「江戸」と呼ばれていたらしい。「江」とは、日比谷や丸の内ぐらいまでくいこんでいた海の「入江」のこと。その入口つまり「門」の「戸」にあたる場所だから、「江戸」ということになったようだ。

入江に面した、一面ぼうぼうの原野と丘だったところに、はじめて館《やかた》をつくったのは、江戸四郎重継という関東武士だったといわれている。

それから三百年後に太田道灌《どうかん》が城を築き、さらに百数十年後に徳川家康が入城するまでのあいだ、江戸はいくつもの戦乱と武家の興亡を見てきた。

天下を統一して、大阪から全国をにらんでいた豊臣秀吉の豊臣家を滅亡させて、新しく全国を統一した家康は、慶長八（一六〇三）年、江戸に、徳川の武家政権である幕府（政府のこと）を開いた。

江戸は「首都」になった。町はすごい勢いで大きくなっていった。それまでの中心だった大阪をしのぐ町になっていった。

一口に江戸時代とはいっても、慶応三（一八六七）年、徳川幕府が政治の実権を天皇に返還（大政奉還）して崩壊するまで、二百六十余年もあるのだ。江戸という時代は、多彩で、ものすごく幅広い。

最盛期には、町人の人口は五十数万、武家とその家族で五十万、商用などで各地からやって来る人も加えれば、百万人をはるかに超えた。ロンドンなんかより大きい、世界最大の大都会だった。

それでいて、ロンドンやパリなどより、ずっと清潔な町だったらしい。海と川と緑の、自然と人工の配分も、当時の絵や文章から判断するとなかなかのものだった。

読み書きソロバンの能力によって、教育水準も高かった。

さまざまな文化が花開いた。たとえば浮世絵はヨーロッパの絵画に深い影響を与えて、日本文化が流行（ジャポニズム）した時代もあったほど。

いま、日本でもっとも盛んな「文芸」である俳句は江戸文化そのもの。落語にしても江戸の「発明品」だ。テレビで毎日やっているお笑い番組にも、実はそのような伝統が流れているのだ。

もちろん、政治のゆきづまりや失敗もいくらもあった。腐敗もあった。

いまの日本にあることのほとんどは、江戸にすでにあった、といってもいいくらい。

人や本に教えられなければわからないことは、たくさんあるけれど、ちょっと意識してまわりを見渡せば、自分自身の力で、まだまだ「江戸」をあちこちに発見することができるはずだ。

江戸城の石垣。石の大きさと組み合わせの美しさに圧倒される。

まず江戸城から案内しよう。

夏の太陽であぶられて熱い石垣や、冬の風に吹かれて冷えきった石垣に手を触れて、昔を想像してみてもらいたい。

教科書やテレビ時代劇の登場人物も、その石垣に手を触れたことがあるかも知れない。

いのちのない石垣ひとつとも「会話」ができるのも、人間の想像力というものの素晴らしさなのだ。

江戸城の跡が、いまの皇居であることはいうまでもないが、しばらくの間、皇居を見るのではなくて、江戸城を歩いているのだ、という風に気分をかえよう。

折りにふれて、視点を自由に移動させるのも、「発見」のための、一つの方法だ。

二重橋。この前を数々の「歴史」が通り過ぎていった。

◈江戸城天守閣

ＪＲ東京駅から歩いてすぐの、一面の芝生と松の美しい、いわゆる皇居前広場は、かつて「西の丸下」と呼ばれて、幕府の重臣の屋敷が並んでいたところ。

お堀にかかる「めがね橋」、その奥の「二重橋」を正面にしながら、ゆっくりと右の方向に大きくお堀端をめぐってゆくと、「皇居東御苑《ぎょえん》」入口の、大手門、平川門に出る。

※「東御苑」は、宮中の行事に支障のないかぎり一般公開されている（月・金曜日が休園日）。

ここは、江戸城の中心である本丸、二の丸など

江戸城大手門。皇居東御苑の中には江戸時代の遺構が数多く残っている。

のあった場所で、いまも当時のさまざまな遺構が残っていて、江戸の昔をしのぶことができる。

❋なかでも、日本最大の天守閣のそびえていた、東西三十三メートル、南北三十・六メートルの天守台の石垣は雄大だ。高さ五十メートルの五層の天守を支えていただけのことはある。

天守閣は、徳川将軍の権威を天下に誇示するシンボルだったが、明暦三（一六五七）年の正月十八日におきた大火、「振り袖火事」のときに焼け落ちた。

本郷丸山の本妙寺で供養のために焼いた振り袖が空に舞い上がって、火事になったといわれる大火で、数万の死者が出た。

江戸の人たちの面白さは、火事にもアダ名をつけてしまうことにも表れている。

江戸文明の最大のアキレス腱は、何度も繰り返

江戸城天守閣跡。天守台は東西33メートル、南北30.6メートル。

される大火だった。それほど火事が多かったわけだ。

「江戸の家は七年に一度の割で焼ける」とは、作家、丸谷才一さんの名作『忠臣蔵とは何か』(講談社文芸文庫)の一節だ。木造家屋の大都会がかかえるこの深刻な問題は、いまなお「マンモス東京」に、かなりの部分、そのまま残っていることを、あらためて意識しよう。

幕府のなかに、天守閣を再建しよう、という意見もあったが、もはや戦乱の時代は終わったのだし、財政も苦しい、という意見の方が勝った。表面が焼けただれた石垣だけを、修築した。いまある石垣がそれだ。

みごとな石組みの間から、そんな議論の声や、石職人や人足たちの掛け声がきこえてくるかも知れない。

※歌舞伎や映画や小説で有名な物語、『忠臣蔵』の発端になる、「松の廊下」のあったところには、その場所を示す小さな標石があるだけ。

元禄十四（一七〇一）年三月十四日、殿中《でんちゅう》で刀を抜いたら死罪、という厳しい定めのある江戸城中で、赤穂《あこう》藩主・浅野《あさの》内匠頭長矩《たくみのかみながのり》が刀を抜いて、幕府の儀式・典礼の指導役である高官、吉良《きら》上野介義央《こうずけのすけよしなか》に斬りつけた。

ふすまに松の絵が描かれていることから、「松の廊下」と呼ばれていた、幅二間《けん》半、長さ二十六間の畳敷きの廊下での事件だった。なんでそんなムチャをしたのか、真相はわからない。京都の朝廷から、天皇の使いである勅使《ちょくし》を迎えて緊張した城中で、二人の間にはイライラした気分が高まっていたようだ。

浅野は勅使接待の責任者であり、吉良は代々、儀式などの進行・作法などを伝え、指導してきた家の主。つまり、吉良は大名の浅野を指導する立場にあった。しかも吉良は「威張りたがり屋」であり、浅野は気の短い人物だったらしい。

浅野長矩は即日、切腹させられた。浅野家は断絶、赤穂城は明け渡し、領地没収の裁決を受けた。

この話のつづきは、「泉岳寺《せんがくじ》」の項でまたする。三百年近い昔でも、この種のニュースの伝わるのの早いこと。尾張・名古屋の武士は日記に、「江戸に喧嘩（ケンカ）あり」という書き出し

江戸城富士見櫓。明暦の大火で天守閣を消失してからは、富士見櫓が天守閣の役割をはたした。

でちゃんと記している（神坂次郎『元禄御畳奉行の日記』中公新書）。

※白壁の美しい三層の建物は、ほとんど昔のまま現存する数少ない建物の一つ、「富士見櫓《やぐら》」だ。「振り袖火事（明暦大火）」のあとは、この三重櫓が天守閣の代用にされた。遠く、富士山も秩父連山も筑波山も見えたそうだ。

※このほか、大番所、百人番所、同心番所などの、重厚な瓦屋根の建物も、ほとんど昔のままで興深い。

甲賀組、根来《ねごろ》組、伊賀組と、忍者もの映画に出てきそうな警護の役人（同心）たちの詰め所だった。

※桜田門（正式には外桜田門）をはじめとするいくつかの巨大な門や、お堀と石垣などには、ほぼ往時のままの面影が残る。

桜田門もまた、のちに詳しく述べるように、日本の歴史を変える大事件の舞台になる。皇居を、江戸城という名前で改めて見直すと、思ったよりはるかにたくさんの「江戸」が残っていることに、びっくりする。

江戸城は、徳川政権が安定して、日本中に権力が行き渡ると、戦争のための城としての役割は早いうちになくなり、巨大な「官僚機構」が集中した「官庁」としての性格を強めていった。全国各地で、それぞれの領地で権力を握る大名は、ときによって増減はあったが、二百六、七十前後だった。

その大名たちの上に徳川の将軍が君臨していた中央集権国家は、巨大な官僚国家であった。日本の近代は、江戸時代にすでに下地が「用意」されていたという説は、そのようなところからも出てくるわけだ。

朝鮮使節や琉球（沖縄）使節も、この城に入って将軍にあいさつをした。そんなことをも想像すると、朝鮮や琉球の使節とは何だったのかしらと、新しい知識欲もわいてくる。いろいろな歴史に関心が広がってゆくのも、想像力の持っている重要な力なのだ。

オランダ人は例外として、外国人が来るのも、外国に行くのも禁止していた「鎖国」のもとでも、江戸本石《ほんごく》町の長崎屋ではオランダ人たちと、日本の知識人たちの交流は、けっこう盛んだった。

故障した「摩擦起電機（エレキテル）」を修理して、日本ではじめて人工的に発電するのに成功した天才・平賀源内もそのひとりだった。オランダ人に「寒暖計」を見せられたときに、はじめて目にしたのに、その場で原理を見抜いたりした話が伝わっている。

「鎖国」ではあったけれど、わたしたちの先人の好奇心と知性は、「小さな窓」から、かなりのものを摂取していたのだ。

そうでなければ、明治維新のあと、あんなにも急激に西洋の文化・文明を取り入れることなんか、できたはずがない。わたしたちは「江戸の延長線上」に生きているともいえるのだ。

うんと身近な例でいうなら、毎日のように食べている「佃煮《つくだに》」は、いまも中央区佃島《つくだじま》として名前の残る江戸時代の漁師町で作られたから「佃煮」なのだ。「江戸前のすし」は江戸の前の海でとれた新鮮な魚のすし、というわけだ。

わたしたちは、このように意識しないで、「江戸」を食べているのである。こころのなかにも、形の上にも「江戸」は、いまなお残っているのだ。

江戸時代三百年の歴史は、映画じゃあないけれど、ほんとうにオモシロイ。

🚃東御苑は、地下鉄東西線竹橋駅、同千代田・丸ノ内・東西・半蔵門・三田線大手町駅から歩いてすぐ。

龍の彫刻が日光東照宮を想わせる寛永寺の厳有院霊廟。

◇徳川将軍をさがす

旧・江戸城の石垣で将軍の姿を想像するのが難しいならば、将軍のお墓にいったらどうだろう。

家康にはじまり慶喜《よしのぶ》に終わる十五人の徳川幕府の将軍は、家康と三代目の家光《いえみつ》の二人が日光山に葬られた以外は、みんな江戸の寺に埋葬された。

家綱《いえつな》、綱吉《つなよし》、吉宗《よしむね》、家治《いえはる》、家斉《いえなり》、家定《いえさだ》の六人は、上野・寛永寺に、秀忠《ひでただ》、家宣《いえのぶ》、家継《いえつぐ》、家重《いえしげ》、家慶《いえよし》、家茂《いえもち》の六人は、芝・増上寺に葬られている。ただし、「最後の将軍」慶喜だけは、谷中《やなか》の墓地だ。

※「上野の山」のいちばん北よりに広がる寛永寺は、家康（一五四二—一六一六）の意を受けて僧・

西の比叡山延暦寺にならって名付けられた東叡山寛永寺。

天海（一五三六？―一六四三）が創建に着手した。

京都御所の「鬼門《きもん》」（中国から渡ってきた説をもとにした吉凶を占う方法で、悪鬼がいるとされる北東の方向）にあたる場所に、悪鬼から御所を守るために比叡山延暦寺《ひえいざんえんりゃくじ》があるのと同じに、江戸城の鬼門にあたる上野にも城を守護する寺が置かれたわけだ。

上野の山のすぐ下の、江戸湾の名残である不忍《しのばず》池《のいけ》を、比叡山のふもとの琵琶湖になぞらえた。

元禄の綱吉のころには、百二十万平方メートルの寺域に巨大な伽藍《がらん》がいくつもそびえ立っていた。大火で焼けて再建されたものもふくめて、明治維新のときの「上野戦争」（一八六八年）でほとんどが焼失した。

「上野の山」には、昔の建物が、数はあまり多くはないが、点々と残っていて、往時をしのび、想像する手がかりになっている。

家綱の厳有院霊廟（国重要指定文化財）など歴代将軍たちの霊廟や墓所は、将軍それぞれの治世やゴシップを知っていれば、おおいに想像力をかきたててくれる。

たとえば、五代将軍の綱吉は、幼いころから学問（儒学）好きで知られ、将軍の位につくと、幕府直轄領の勤務不良の代官（年貢取り立て、土木工事などの役人）を大量に処分したりして、かなりの「改革」を進めた。

「英明」をたたえられた綱吉だったが、のちには、犬を異常なほど大切にして、町の人びとに、「犬公方《くぼう》」とアダ名をつけられた。「公方」とは将軍のこと。

この将軍が出した「生類憐《しょうるいあわ》れみの令」は、江戸期を通じて最悪の悪法だった。元禄八（一六九五）年には江戸郊外の中野に野犬収容所を作り、最高四万頭を越す犬を収容したほど。

現代の感覚で、単純に、犬を大切にするのはいいことなのに、などと考えたら困る。その巨大な費用は、江戸や関東の村々の大変な負担になったのだから。しかも、犬を殺傷すると厳しい刑を受けた。

「犬公方」は、やがて貨幣の質を落としたり、一部の役人や悪徳商人と腐敗した関係を持つようになってゆき、悪評のうちに世を去った。

※徳川第十五代将軍の徳川慶喜《よしのぶ》は「最後の将軍」だ。明治維新で、天皇に政治の実権を返還して、徳川幕府の、というよりは、長らくつづいた「武家政治」の最後の将軍となった。

水戸藩主の子であるこの人物は、維新の激動のなかで将軍になり、フランスと結んで幕府軍を洋式の軍隊に改革した。

「王制復古」のもとで、なお徳川家の権力を保持しようとしたが、京都の鳥羽《とば》・伏見《ふしみ》の戦いで幕府軍は大敗した。慶喜は軍艦で江戸に帰還し、寛永寺に引きこもって謹慎してしまった。ここに、徳川家の権力は、完全に崩壊したのだった。そしてこの人は、幕府の権力を奪った側の主だった人たち、たとえば西郷隆盛《たかもり》、大久保利通《としみち》などよりも長生きして、日清・日露戦争の結果も見とどけ、中華帝国最後の清《シン》王朝が倒れるのも見た。

大正二（一九一三）年、七十七歳で没した慶喜は、徳川家歴代の墓地には入らず、生前に自分自身で選んでおいた谷中《やなか》の墓地に埋葬された。

ほかの将軍たちの華麗な墓にくらべれば、ずっと飾り気のないその墓は、歴史と人間の生き死ににについて、想像をめぐらすのに絶好の場所だ。

※寛永寺にかぎらないけれど、古いお寺や文化財を拝観するときには、エチケットがとても大切だ。場所ごとの「きまり」を守り、静かに、敬意をこめて拝観する。

想像力とは、ただ昔の姿を思い描いてみるだけではなく、大勢の人びとが、長年にわたって維

谷中霊園の徳川慶喜の墓は、他の将軍の墓にくらべとても質素なものだ。

増上寺本堂右奥に徳川家の霊廟がある。すぐ後ろに東京タワーがそびえている。

持、保存してきた大変さについて考えてみることでもある。

※さてここで、上野公園からちょっと離れてみよう。東京タワーのすぐ下に広がるのが芝・増上寺《ぞうじょうじ》だ。

幕府の保護のもと、幕末には数十万平方メートルの寺域に壮麗な七堂伽藍《がらん》が立ち、六代にわたる将軍の霊廟《れいびょう》が並んでいた。

お坊さんたちの勉強のための学寮も百前後におよび、最盛期には、学徒（所化《しょけ》）三千人といわれたほどだった。

当時の建物としてまず目につくのは、正面入口にそびえる朱塗りの三解脱《げだつ》門（略称、三門）だ。

「解脱」とは、仏教の言葉で、この世の迷いや苦しみなどから抜けだして、ほんとうの意味で

東京タワーよりのぞむ——写真中央が芝増上寺、左が東京プリンスホテル、右隅が東照宮、左奥の緑が浜離宮。2棟の高層ビルは世界貿易センターと東芝本社ビル。

自由な境地に達すること。

慶長十九（一六一四）年に強風で倒壊して七年後に再建された。高さ二十一メートル、間口十九・五メートル、奥行き九メートルの二階二重門だ。

将軍の壮麗な霊廟のほとんどや建物の多くは太平洋戦争のときの米軍爆撃機B29などによる空襲で燃えてしまった。この門は、数少ない残ったものの一つだ。

東京プリンスホテル東側にある、七代将軍・家継の墓所、有章院霊廟の総門だった「二天門」は、銅瓦ぶきの華麗な建物（国重要文化財）だ。

さらに、ゴルフ練習場を背に、華麗な姿を見せているのは、二代将軍・秀忠の墓所だった台徳院霊廟の正門。入《い》り母屋《もや》唐《から》破風《はふ》、銅板ぶきで、これも国重要文化財だ。

三代将軍家光が植えた大イチョウは樹齢360年。

東京タワー、ホテル、ゴルフ練習場と「江戸」の組み合わせは、まさしく、わたしたちの想像力と、日本の、古い文化財の保護のあり方が、厳しく試されている感じだ。

※東照宮《とうしょうぐう》の境内には、寛永十六（一六三九）年に三代将軍・家光が植えたという巨大なイチョウの木が葉を広げている。

高さ二十五メートル、根元の周囲十メートル、都指定天然記念物、樹齢三百六十年のイチョウはここで、さまざまな歴史を目撃してきた。

「東照宮」ときいて、オヤ、と思う人もあるだろう。東照宮は日光ではないのか。

元和二（一六一六）年に死んだ家康は、出身地の静岡の久能《くのう》山に葬られたが、間もなく日光山に改葬された。これが日光・東照宮。

そののち全国各地に家康の霊をまつる「東照

上野東照宮参道にならぶ石灯篭。諸大名に寄進させた石灯篭が約280基、青銅の灯篭も約50基ある。

宮」が造営されて、一時は五百を越えたらしい。江戸では、江戸城内、芝・増上寺、浅草・浅草寺《せんそう》、上野の寛永寺など。現在でも全国で百以上あるといわれる。

ちょっと断っておくけれど、東照宮は神社なのだ。亡くなった人は「仏」になるのが普通だが、家康のような「偉い人」は「神」にもまつりあげられるのだ。家康より前の豊臣秀吉も、「神」になって京都の豊国神社にまつられている。

家康も秀吉も、お墓の方は「仏」だが、神社の方では「神様」になっているわけだ。

これは日本の文化の一つの個性といっていいかも知れない。ヨーロッパでは、偉い宗教家などが死後に「聖人」としてまつられることはあっても、「神」になることはない。

上野東照宮の灯篭。葵の紋が灯篭にも彫られている。

寛永寺はＪＲ鶯谷《うぐいすだに》駅から歩いて5分。上野駅から上野公園を散策してゆくのもいい。芝・増上寺は、ＪＲ浜松町駅下車徒歩8分。または、地下鉄日比谷線神谷町駅（徒歩10分）、地下鉄三田線御《お》成門《なりもん》駅・芝公園駅、同浅草線・同大江戸線の大門駅から歩いてすぐ。

「天下太平」の〝影〟を歩く

江戸時代二百六十余年は、おおむね「天下太平」だったけれど、家康が征夷《せいい》大将軍になって江戸に幕府を開いて以後、初期の将軍の時代には、結構、大きな戦いや事件が天下を揺さぶったのである。

※三代将軍・家光の寛永十四（一六三七）年に九州で起きた「島原の乱」は、武士と農民がいっしょになって幕府に背《そむ》いた一揆《いっき》であり、「宗教戦争」だった。

室町時代末期の十六世紀に、フランシスコ・ザビエルが鹿児島に渡来して、はじめてキリスト教が日本に伝えられた。キリストというい方がなまって「キリシタン」と呼ばれるようになった信徒は次第に増え、大名のなかからも信徒の「キリシタン大名」が現れるまでになった。

まず秀吉がこの宗教を禁じた。さらに徳川の時代になっても禁制はつづいた。九州の島原半島と天草《あまくさ》は、「キリシタン大名」の旧領だったためキリシタンの農民が大勢いた。この農民たちは、幕府の禁制と、領主の過酷な政策に不満を持った。

島原の農民が立ち上がると、武家の出の天草四郎を首領に天草の農民も加わり、さらに近隣の浪人たちも参加して原城に立てこもった。

幕府はこれを鎮圧しようとしたが苦戦し、十二万余の軍勢で取り囲んで、やっと落城させた。三万余といわれる参加者は、皆殺しになった。

「キリシタン禁制」は、このあと、さらに厳しくなった。

※「鎖国」（この言葉は、幕末に開国の騒ぎが起きたときに、幕府批判の意味をこめて使われるようになったもので、はじめからあった言葉ではない）は、この禁制と、九州地方の大名が外国貿易で豊かになるのを防ぐために、幕府がとった政策だった。

まず西洋との貿易を平戸《ひらど》・長崎の二港に限り、次ぎにイスパニア（スペイン）と断交し、さらにポルトガル船の来航を禁止し、オランダ人を長崎・出島《でじま》に移して、ここをヨーロッパとのただ一つの窓口にした。

もちろん、日本人の海外渡航は厳禁だ。

※「島原の乱」から十四年後の慶安四年、江戸を中心に「慶安事件（由比正雪《ゆいしょうせつ》の乱）」が起き

丸橋忠弥の墓のある目白不動。

た。

軍学者として江戸に塾を開いていた由比正雪、お茶の水に槍の道場を開いていた丸橋忠弥《まるばしちゆうや》たちが中心になって、江戸の水道に毒を投げ込んだりして江戸城を襲う計画を立てた。しかし、事前に発覚して、自殺したり、処刑されたりして終わった。

この計画には、おりからの世相を反映して、かなりの浪人が加わることになっていたらしい。

天下分け目の「関が原の戦い」のとき、徳川側にいた大名を「譜代《ふだい》大名」といい、戦いのあと徳川方に従うようになった大名を「外様《とざま》大名」という。

当然のことだが、徳川幕府は、「譜代」を大切にし、「外様」を冷たくあしらった。三代将軍・家光の時代までに、大勢の「外様大名」が領地を

半蔵門からながめる桜田濠。秋には彼岸花がむらがり咲いて美しい。

取り上げられた（改易《かいえき》という）。

領地がなくなるということは、そこに仕《つか》えていた大勢の武士が、職を失うことを意味する。現代でいえば、会社が倒産して、そこの社員が失業するのと同じだ。

失業した武士、つまり浪人の問題は、江戸時代を通じて、社会不安につながる、深刻な「失業問題」だった。

「慶安事件」もそのような社会的な背景のなかから出てきたわけだ。

※この事件は、ひところのチャンバラ映画には、やたらに登場したものだが、最近はすっかりごぶさただ。人気のあったのが丸橋忠弥だった。

江戸時代にも物語になっているが、幕府に遠慮して別名になっている。実名になったのは、明治になってからの芝居で、忠弥が江戸城の堀に石を投げ込んで、水音で深さを計ろうとする場面が有名だ。よく映画にもなったのは、道具だてが派手だったせいだろう。

※丸橋忠弥の墓は、豊島区高田一丁目の金乗院（目白不動）にある。

忠弥は槍の名人だがオッチョコチョイだったらしく、逮捕に向かった連中が道場の外で「火事だ！」と騒ぎ、飛び出してきたところを捕まえたという「伝説」もあるそうだ。

鈴ヶ森で磔《はりつけ》になり、首はさらされた。のちに一族の子孫が、この墓を作ったと伝えられている。

「目白不動」というのは、仏教を守る神の一つである「不動明王《みょうおう》」がまつられている寺で、「目白」という地名の起源がこれ。不動明王には、目黒、目白、目赤、目黄、目青の五色の目の色があることからきた。

🚃金乗院は、ＪＲ山手線目白駅下車徒歩12分、または都電荒川線学習院下駅からは歩いてすぐ。

◇大名屋敷をさがす

城下町としての江戸の町は、武家、寺社、町人の地域の三つでできていた。

そのなかで最も広かったのは武家地で、江戸全体の六割以上を占めていたらしい。

武家地は、①徳川家に仕《つか》える、「直臣《じきしん》」の旗本や、旗本より身分の低い「御家人《ごけにん》」たちの屋敷、②地方の大名の大名屋敷、の二つに分かれる。

家康が天下を取ると、各地の大名は忠誠を誓うために、江戸に屋敷を造り、自分の親族などを「人質」のようにして住まわせた。

やがて、地方の大名たちに一定の期間、江戸で暮らすことを義務づけた「参勤交代」制度が確立すると、大名に従って上京して来る家来や、江戸常駐の家臣たちで、大名屋敷の人口はふくれあがり、屋敷の規模も大きくなった。

大名屋敷は三百ほどもあったという。はじめのころの屋敷は、江戸城本丸御殿にならったような豪華な建物で、彫り物や金箔《きんぱく》で飾りたてられていた。

将軍家の鷹狩り場だった浜離宮では鷹匠による放鷹術の実演が行われる。

しかし、天守閣も焼けた「明暦大火」、俗にいう「振り袖火事」は、江戸の姿を一変してしまった。当時の大名屋敷は大半が焼けてしまった。いまは一つも残っていない。

大火以後再建された大名屋敷には、前のような豪華版はなくなった。いまわずかに残るのは、大火以後のものばかりだ。

大名屋敷は、①藩主やその家族が住む公邸の上《かみ》屋敷、②隠居した藩主や後継ぎなどの住む中屋敷、③郊外や海浜に設けられた休息用の別邸である下《しも》屋敷、の三種類があった。

※隅田川が東京港に流れ込むあたりに広がる旧浜《はま》離宮《りきゅう》恩賜《おんし》公園は、元禄時代の老中・大久保忠朝の上屋敷だったところ。明治はじめに皇族の離宮になり、関東大震災で建物が焼失したあと、昭和天皇ご成婚記念に東京市に寄贈された。

六義園は、川越藩主柳沢吉保が築園した「回遊式築山泉水庭園」。

海水を引き入れて池にした、歩いて回る回遊式庭園で、大名屋敷の庭園のなかでも規模の大きなものとして有名。ゆっくりめぐり歩けば、大名気分が味わえるかも知れない。

この公園で、「鷹匠《たかじょう》実演会」が開かれている。

鷹狩りは古代からおこなわれてきた遊びの狩りだ。江戸時代の大名たちは、ときに郊外の山野に出て、小動物を捕獲するように訓練した鷹を使って狩りをした。特に家康は大好きだった。のちに幕府の年中行事になって明治維新までつづいた。「鷹匠」とは、鷹を訓練して、扱う専門家の名前。将軍の鷹を預かる役目だから権威があった。いまは宮内庁に残るのみだ。(東北地方に、技術を伝承しようと努力している人がいるのを、テレビで見たことがある。)

※駒込《こまごめ》の六義園《りくぎえん》は、五代将軍・綱吉に重く用い

第11代将軍家斉の娘・溶姫が加賀藩主前田斉泰に嫁ぐとき（1827年）に建造された東大赤門。正式には御守殿門という。

られた柳沢《やなぎさわ》出羽守《でわのかみ》吉保《よしやす》の別邸跡だ。「回遊式築山泉水庭園」の典型で、ここもめぐり歩くのが楽しいところ。「六義」というのは、中国の古典「詩経」にいう、風・雅・頌・賦・比・経のこと。

吉保といえば、綱吉に異常なほど可愛がられて出世したために、当時から策謀家のようにいわれて評判が悪く、後世になってもチャンバラ映画などでは悪役にされてきた。

ところが実際の本人は実直な人間だったらしく、甲斐《かい》国（山梨）の領民に人気はあったし、学問を好み、詩歌のたしなみもあったのである。人間の評価の仕方とは、難しいものではないか。

江戸時代最高の儒学者である荻生徂徠《おぎゅうそらい》を召しかかえていたことでも知られる。

徂徠といえば、芝・増上寺の近くで苦学をしていたころ、豆腐屋がオカラを毎日ただでくれたの

江戸時代の武家屋敷のようすを伝える因州（鳥取）池田家上屋敷の黒門（表門）。

を食べていた、という話が伝わっている。

オカラはなかなか重要な食べ物だったのである（近代になっても、近年までずっとそうだった。特に太平洋戦争の末期から戦後にかけて、食べ物がない時代には貴重だった）。のちに出世した徂徠が、その豆腐屋に恩返しをするという『徂徠豆腐』という題の講談もある。当時の江戸で、一般の庶民の間で最も人気のある学者だった。「人気学者」がいたというのも、江戸文化の面白さだ。

※本郷・東大のシンボル的存在の「赤門」は、加賀・能登・越中を領土とした「加賀百万石」の大名・前田家の上屋敷の跡だ。

十一代将軍・家斉《いえなり》の息女・溶姫《やすひめ》が前田家に輿入《こしい》れ（嫁入り）するときに建てられたのがこの「赤門」。

因州池田家表門の屋根。江戸時代の建物が明治以後、皇室に利用され、そのさい瓦の紋章が菊に変わった建物は多いが、これもその一つ。

門を入って左手に向かうと、いわゆる「三四郎池」に出る。夏目漱石の名作『三四郎』に登場して有名になったために、この名前がついた。もともとは、前田家の屋敷の庭園にあった池が原型だ。熊本の高等学校を卒業して東京の大学に向かう三四郎は、汽車のなかで前に座っていた男に、熊本より東京は広い。東京より日本は広い。日本より、頭の中の方が広い、といわれて考えこむ。

確かに、頭のなかの想像力は、日本よりも世界よりも、広いはずだ。

はじめて大学にいった三四郎は、池のほとりに立って、じっと池の面を見つめる。大きな木が、いく本となく水の底に映って、そのまた底に青い空が見える。

そういえば、漱石は、慶応三（一八六七）年、江戸・牛込《うしごめ》に生まれた「江戸」の人なのである。英文学や漢詩の大家である作家のなかに、「江戸文化」もまた濃密に流れているのだ。

※もういちど上野に戻って、国立博物館の正門の近くにある旧因州（鳥取）池田屋敷表門だ。もとは丸の内の東京会館のあたりにあったのが、明治になって高輪《たかなわ》に移されて、高松宮邸の表門に使われた。鬼瓦の菊の紋章はそのときのもの。昭和二十九（一九五四）年、いまの場所にや

ってきた。

江戸末期の建物らしいが、両側に、唐破風《からはふ》の屋根をのせた出番所が、因州池田家三二万石の格式を示している。

- 浜離宮恩賜公園は、ＪＲ新橋駅から徒歩15分。ゆりかもめ、地下鉄大江戸線しおどめ駅からすぐ。
- 六義園へは、ＪＲ山手線、地下鉄南北線駒込駅から歩いて5分。
- 「赤門」は、地下鉄丸の内線本郷三丁目駅、同南北線東大前駅から徒歩8分。
- 池田屋敷表門は、ＪＲ鶯谷駅が近い。

『忠臣蔵』をさがす

江戸城天守閣跡の石垣を見た皇居東御苑《ぎょえん》に「松の廊下跡」の石標のあること、そこで起きた事件のことは、前に述べた。
※江戸城内で主君が事件を起こして切腹してから一年十カ月のち、またも大事件が起きた。

「忠臣蔵」の刃傷事件の「松の廊下」跡。いまは何も残っていない。

本所松坂町吉良邸跡は、両国駅の南側、歩いて約5分のところ。

主人も城も失った旧・赤穂《あこう》藩浅野家の浪人たち四十七人が、元禄十五（一七〇二）年十二月、江戸の吉良《きら》邸（現在の本所松坂町公園のあるところ。公園は当時の吉良邸を縮尺して復元した）に討ち入り、吉良を殺して首をとった。

一行は、芝・高輪《たかなわ》の泉岳寺《せんがくじ》にある主君の墓の前に首を供えて、うらみを晴らしたことを報告した。そのあと、一行は大名屋敷に分散して預けられて、幕府の処分を待つことになった。

城内で斬りつけられながら、吉良は軽いケガをしただけで助かった。しかも、「ケンカをしたら両方とも処罰」の「ケンカ両成敗《せいばい》」の定めが昔からあったのに、将軍・綱吉の独断で、吉良は何のとがめもなく、浅野は切腹になった。この処分に、江戸の民衆は「不公平だ」と、ひどく不満を感じていた。

吉良邸跡の一角に首洗い井戸が残されている。

それだけに、赤穂・浅野家の浪士たちの討ち入りは、民衆を喜ばせた。「めでたく主君の仇《あだ》をうった」忠義の士とほめ称《たた》えて、「義士」と呼んだ。浪士たちの行動も、民衆の支持も、幕府による不公平な処分に対する、間接的な批判という面があったわけだ。

それだけに、幕府は「世論」を気にして、なかなか処分を決められず、幕府内では「助命論」の方が盛んだった。「松の廊下」の事件のあと、即座に切腹を命じてしまった自分の処分を、失敗だったと「反省」していた綱吉もそれを期待したらしい。

そのとき、理論的な「法治主義」を掲げ、「義士として切腹させるべきだ」と主張したのが講談『徂徠豆腐』の主人公、大学者のかの荻生《おぎゅう》徂徠《そらい》だった。

これを許せば、徒党を組んでこのような行為を

泉岳寺。大石内蔵助や赤穂浪士たちの墓は、いまも参る人がたえない。

することを許すことになる、むしろ、武士の罪に対する正式な処分である切腹に処して、「義士」として死ぬことの方がためになる、というのだ。

発端となった江戸城中の事件から二年後、討ち入りから一カ月半後、元禄十六（一七〇三）年二月四日、一同はそれぞれに身柄を預けられた大名屋敷で切腹した。

※遺体は、芝・高輪の泉岳寺の、主君の墓と並んで葬られた。

江戸城内「松の廊下」にはじまり、切腹に終わったこの事件は、やがて大阪で劇化されて「浄《じょう》瑠《る》璃《り》」に、さらに歌舞伎にもなって大ヒットし、いまにつづくのだ。

『忠臣蔵』がいまも人気があり、泉岳寺には線香の煙が絶えないのはなぜか。江戸のすべてと、人間とこの世のすべてが、その中にあるせいかも知

泉岳寺。四十七士の討入のようすを伝える史料が展示されている。

れない。

事件について考えた本はいっぱい出ているから、ぜひ読んでもらいたい。なかでも、前にも触れた、丸谷才一さんの『忠臣蔵とは何か』（講談社文芸文庫、または『丸谷才一批評集』3、文芸春秋、に収録）は、知的スリル満点だ。この事件に関心があろうとなかろうと、実に面白い必読の本である。松島栄一さんの『忠臣蔵―その成立と展開』（岩波新書）も、全体をつかむのにいい。

🚌吉良邸跡は、ＪＲ総武線両国駅下車徒歩5分。

🚌泉岳寺は、地下鉄浅草線、京浜急行本線泉岳寺駅下車歩いてすぐ。

五街道の起点、日本橋。いまは高速道路に押しつぶされ、無惨な姿になった。

◇街道や宿場を「旅」する

江戸時代の人びとの旅の姿をしのぶには、まず紀行文を読むのがいい。

たとえば、松尾芭蕉《ばしょう》の『奥の細道』。江戸の千《せん》住《じゅ》を出発するにあたって、こう記す。

「前途三千里のおもひ胸にふさがりて、幻のちまたに離別の泪をそそぐ」

旅をするには、「決死の覚悟」が必要だったのである。

旅は、許可が必要だった。家や土地の持ち主である「大家《おおや》」や「名主《なぬし》」や自分の家の墓のある寺（檀那寺《だんなでら》）に、旅行用の許可証（往来切手、関所切

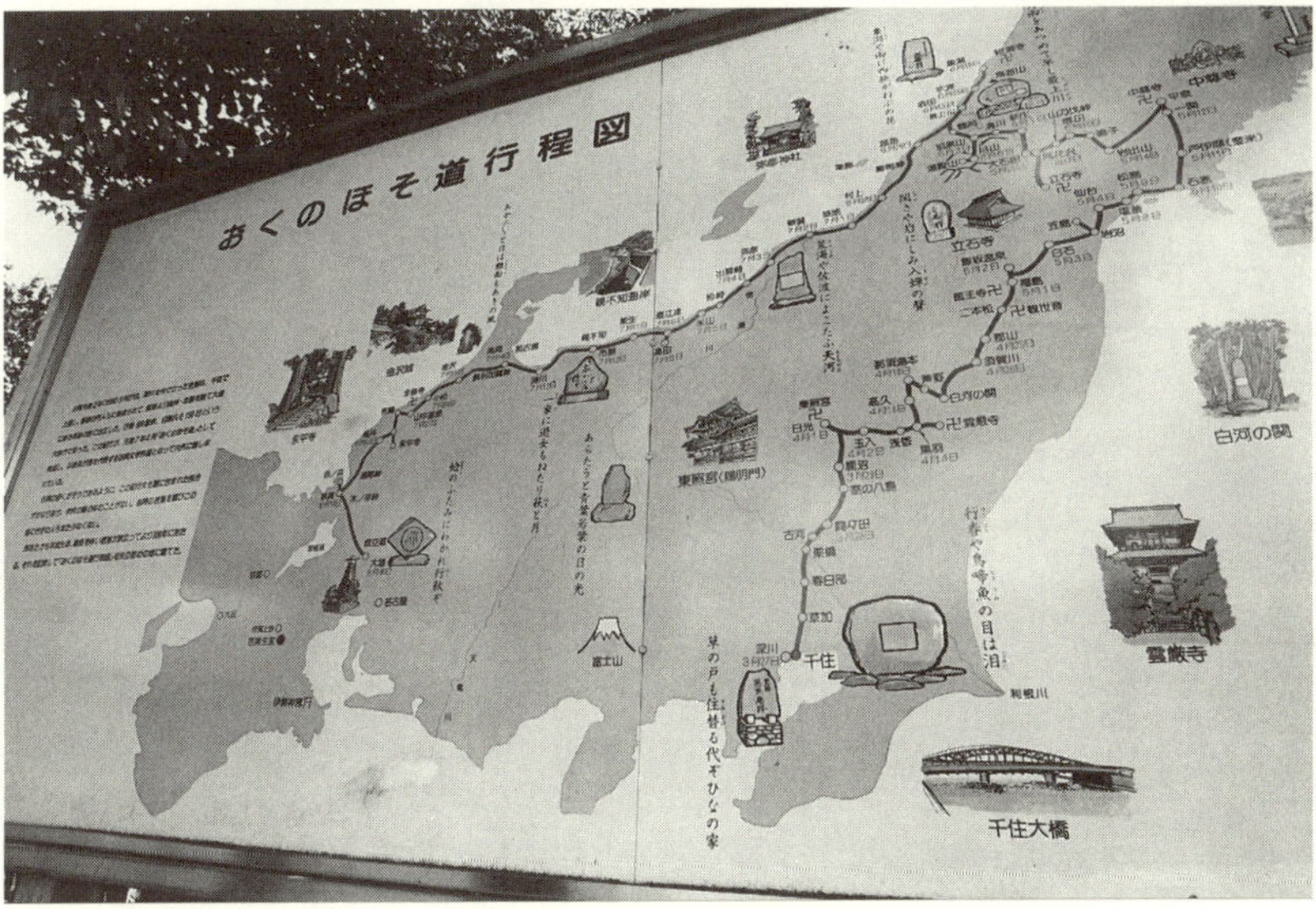

深川の庵をあとにした松尾芭蕉は、この千住より「奥の細道」へと旅立った。

手）を出してもらわなければならない。

それがなければ、道中のあちこちに設けられていて、通行の取り締まりにあたった役所である「関所《せきしょ》」を通過できない。

病気になっても、医者にかかれるかどうかわからない。旅先で、涙をのんで死んだ人も大勢いたことだろう。

お金も衣類も雨具も、なにもかも持って、ただひたすらテクテクと歩くしかない。カゴや馬は金がかかるから、よっぽどの金持ちでなければ使えない。

武士たちにしたって、カゴや馬は殿様や上級武士だけだ。一般のサムライたちは、重い刀を腰にして、ひたすら歩きだ。

ザックを背負って歩くいまの登山者たちよりも、はるかに厳しい旅だった。「先のことを考え

道路拡張などで姿を消した一里塚。今も残るこの西ヶ原一里塚は貴重な遺跡だ。

ると、胸がいっぱいになる」という芭蕉の言葉は、実感だった。

同時に、いまのわたしたちが完全に失ってしまった、旅の楽しさというものも、あったのだろう。

わたしたちの旅というものを、もう一度、考え直すために、東京で江戸時代の「旅」を探してみたら、結構あるのだ。

※「天下分け目」の関ヶ原の合戦（一六〇〇年）に勝った家康は、全国支配のために江戸からの街《かい》道《どう》の整備に力をいれた。

こうして、江戸・日本橋を起点にした主要幹線道路が五本、整備された。「五街道」と呼び、幕府の道中奉行が支配した。

①東海道――江戸・日本橋から京都まで。

②中山道《なかせんどう》――江戸から浦和、軽井沢、塩尻、木曽などを経て琵琶湖畔の草津で東海道に合流

板橋宿は、旅篭屋が50数軒もならんで賑わったという。

する。

③日光道中——江戸から宇都宮までは奥州道中と重なるが、そこで分かれて日光まで。

④奥州道中——江戸・千住から陸奥《むつ》・白河まで。三厩《みんまや》までをさすこともある。

⑤甲州道中——江戸・日本橋から内藤新宿《ないとうしんじゆく》（いまの新宿）や甲府を経て下諏訪で中山道に合流するまで。

宿場は、一定の数の人と、馬を用意するように義務づけられていた。大名と大勢の家来たちが、藩の「首都」と江戸を往来する「参勤交代」の定着によって、宿場の規模は大きくなっていった。

※江戸・日本橋を距離（里《り》）の起点に、街道には一里（四㌔）ごとに塚が築かれた。塚の上にはエノキ（榎）が植えられた。

いまでは道路の拡張工事などでほとんどが消え

旧甲州街道と府中街道の交差点角に残る府中宿高札場。ここに「高札」がかかげられた。大国魂神社の立派なケヤキ並木がすぐそばにある。

てしまった。志村の「志村一里塚跡」などを残すにすぎないのは、残念だ。

　この五街道の最初の駅は、東海道が品川、中山道が板橋、奥州・日光道中が千住、甲州道中が上・下高井戸《たかいど》（のちに内藤新宿に）の「江戸四宿」だった。「もう会えないかも知れない」と名残を惜しんで江戸を出た旅人は、最初の一夜を、品川や板橋などで明かす。

　宿場は、たくさんの宿屋（旅籠屋《はたごや》）が軒を連ねて、金をとって男たちの相手をする「女郎《じょろう》」たちも大勢いた。

　たとえば最盛期の品川宿には、旅籠屋は二百軒近くもあったらしい。

「江戸四宿」は、地方からやって来る大名行列が、江戸に入るために身なりを整える場所でもあった。

甲州街道駒木野宿にあった小仏の関。手つき石と手形石が残されている。

※板橋は、石神井《しゃくじい》川にかかる板の橋に由来するのだが、いまそこにかかっているのはコンクリート製の橋だ。

そのあたりにはかつて、役所や旅籠屋が並び、役所の命令や規則などを記した木製の掲示板（高札《こうさつ》）が高札場に立っていた。

高札場の姿は、甲州街道の府中宿（府中市内）に復元されているものでしのぶことができる。

東京近郊の埼玉県に住んでいるわたしの、休日の散歩のコースの一つは、中山道だ。

太平洋戦争が終わって間もない子どものころには、道の両側に、古い商家がいくつも残っていたが、いまではほとんどビルになってしまった。

それでも、調宮《つきのみや》神社とか玉蔵院《ぎょくぞういん》という、古い神社やお寺が残っているので、秋の一日な

千住の旧街道ぞいには、宿場町の面影をのこす家並がまだ数多く残っている。

ど、ゆっくり歩いていると、昔の街道の風景が、幻のように浮かんだりする。

※関所は、たとえば、八王子市と神奈川県津久井郡相模湖町の境にある小仏峠《こぼとけ》（標高五百九十メートル）のふもとにある、小仏関（駒木野）の跡でしのぶとしようか。

ここは、江戸に入るときの関東四関の一つだった。ほかの三つは、箱根、碓氷《うすい》、栗橋だった。

※日本橋は、文化三（一八〇六）年の記録によると、長さ二十八間《けん》（約五十一メートル）、幅四間（約八メートル）の木造だった。

いまの日本橋は、高速道路の下になってしまって、なんとも哀れな姿だけれど、昔の橋は浮世絵でもわかるように、堂々としたものだった。

このあたりは大きな商店が軒を並べて、日本一の繁華街だった。威勢のいい魚市場もここにあった。

同時に、幕府の政策や法律を一般に知らせるための、最も重要な「高札場」もここに置かれていた。

江戸の下町は、江戸湾岸を埋め立てた場所に開けたから、運河が縦横に走っていた。したがって橋が多かった。

日本橋にしても、もとの川を広げて水運の動脈にした上にかけられた橋だ。

墨田川には、千住《せんじゅ》大橋、両国橋、新大橋、永代橋、大川橋（吾妻《あづま》橋）の五橋がかかっていた。

いま、そのあたりに鉄製の近代橋がかかっているが、名前は昔のままだ。新橋、京橋、一ッ橋、というのいまの地名だって、昔、橋のあった名残なのだ。

※「佃煮《つくだに》」は、隅田川河口の島だった漁師町の佃《つくだ》で、江戸湾の小魚を煮たのが始まり。だから、「佃煮」を食べる人は、江戸の歴史もいっしょに食べているわけだ。

昔、この島への往来のために渡し船が設けられた。この伝統は、ずっとのちに、埋め立てで島が消えてからも残った。

わたしが新聞社の社会部記者として、築地《つきじ》警察署などを担当していた、昭和三十九（一九六四）年、東京オリンピックのころも、ポンポン蒸気の小さな船が、聖路加《せいろか》国際病院の近くの岸から、対岸の佃をつないでいたのだった。

夕刊の仕事が終わると、競争相手である他紙の「サツ回り」（警察担当の記者のこと）仲間と連れ立って、船に乗って、佃の銭湯に汗を流しにいったものだ。

人も自転車もイヌもいっしょに、暮れなずむ川面を渡ってゆくさまは、懐かしくも情緒のある光景だった。それも、佃大橋の開通で消えてしまった。

※そんな風景が、いまわずかに残るのは、かの「フーテンの寅さん」の、ご存じ葛飾区柴又《しばまた》は帝釈天《たいしゃくてん》にほど近い江戸川の、「矢切《やぎり》の渡し」である。

寛永八（一六三一）年に始まったという古い渡しは、古式豊かな手漕ぎの舟。天気のいい日

映画「寅さん」の舞台、葛飾柴又と「野菊の墓」の舞台、松戸矢切を結ぶ、矢切の渡し。手漕ぎのわずか10分の船旅だが、江戸の情緒を味わわせてくれる。

は、観光客でにぎわっている。

利根川は昔、江戸湾に注いでいた。このため、しばしば洪水をおこした。この川の治水は、政治にとって大問題だった。

そこでまず、利根川の流路を変えて、鬼怒川《きぬがわ》、霞ヶ浦などの水を合わせて銚子から太平洋に注ぐようにした。これがいまの利根本流である。

いささかおおまかにいえば、元の利根川の名残がいまの江戸川なのだ。江戸時代には農産物を江戸に運ぶ舟で大にぎわいだった。

「矢切の渡し」の舟で、心地よい川風に吹かれながら、わたしたちは、昔の人の治水や、川・運河による輸送の苦心を、しのぶこともできるのだ。

帝釈天は江戸名所の一つとして、古くから知られてきた。除病・延寿のご利益《りやく》ありで、にぎわってきた。

最近では、映画『男はつらいよ』で、さらに有名になった。主演の渥美清さんが、一九九六年に世を去ってしまったのは寂しいことだけれど。

※幕府の苦心、といえば「お台場」だ。

嘉永六（一八五三）年、ペリー司令官に率いられたアメリカの軍艦四隻が、浦賀に入港して開国を要求した。

一年の猶予をつけて艦隊は去ったが、幕府をはじめ国中は大騒ぎになった。あわてた幕府は、藩に命じて江戸の沿岸に砲台場を築かせた。

この砲台から砲撃して、「黒船（アメリカの軍艦は黒い色をしていたため、そう呼ばれた）」を追い払おうというわけだった。

十二を計画したが、五台場ができあがったところで、翌五四年、日米和親条約ができて日本は開国に踏み切ったため、作業は中止になった。

五カ所のうち三つはのちに取り払われて、いま残るのは第三台場と第六台場の二つ。

第六台場は東京港の海中にあって非公開だが、第三台場は、最近の埋め立てで江東区の土地につながり、あたり一帯は「お台場海浜公園」となった。

お台場には、昔の館《やかた》の跡などがわずかに残っている。

ホテル日航東京をはじめ、地ビールも飲めるレストランなどが並んで、若者たちの人気を集め

安政元（1854）年に完成した第３台場。高さ約10mの石垣に砲台が築かれ、内部は鍋底状で陣屋、火薬庫、炊事場などがあったという。

台場砲台跡の砲台は、変貌著しいウォーターフロントを静かに見つめている。

ている。レインボーブリッジの夜景の背後に、想像力で江戸の歴史を見るのは、ウーム、なかなか難しそうだなあ。


🚃志村一里塚は、地下鉄三田線志村坂上駅近く。西ヶ原一里塚は、地下鉄南北線西ヶ原駅下車。

🚃小仏関跡は、ＪＲ・京王高尾線高尾駅から小仏行きバス、駒木野下車。

🚃日本橋は、地下鉄銀座線・東西線・浅草線日本橋駅近く。

🚃佃は、地下鉄有楽町線・同大江戸線月島駅近く。

🚃「矢切の渡し」と帝釈天は、京成金町線柴又駅下車。

🚃「お台場海浜公園」は、ＪＲ新橋駅前の東京臨海新交通「ゆりかもめ」でレインボーブリッジを渡りお台場海浜公園駅、台場駅下車。またはＪＲりんかい線とうきょうテレポート下車。

◇刑場の跡にたたずむ

※江戸幕府の常設の刑場（御《お》仕《し》置《おき》場）は、鈴《すず》ヶ《が》森《もり》（品川区南大井二丁目付近）と小塚原《こづかっぱら》（荒川区

鈴ヶ森。右の火炙台では、八百屋お七ら処刑者が生きたまま焼き殺された。左の磔台では、丸橋忠弥らが真中の穴に立てた角材の上に縛りつけられ刺し殺された。

南千住五丁目付近）の二つ。

当時は一般の人びとに刑を公開して見せるのが普通だった。おどかすことによって、犯罪の発生を防ごうとした。同時に、被害者や世人の復讐心にもこたえようとした。

処刑の方法は、①武士は、切腹や、切腹を許さずに首を切る斬罪など。

②庶民は、はりつけ、火あぶり、打ち首、獄《ごく》門《もん》、など。重罪の場合には、通行人にノコギリを首に引かす「ノコギリびき」を加えることもあった（これは後にノコギリに血をぬってそばに置いておくだけになった）。

獄門というのは、切った首を、木製の台にのせて、三日二夜、さらしておく刑。

処刑したり、獄門にしたりする場所が、鈴ヶ森と小塚原だった。

鈴ヶ森。元禄11（1698）年、池上本門寺の貫主日凱が処刑者の供養に建てた碑。

※この二つのうち、小塚原の方は刑場と埋葬場を兼ねることになった。

数万人が死んだ「明暦の大火」の無縁の死者を葬るために建立された回向院《えこういん》（現・墨田区両国）に、奉行の命令で刑死者も葬られるようになった。しかしいっぱいになってしまったため、幕府は小塚原の土地を回向院に与えて新たな埋葬場とした。

いまその場所には、二百数十年前に建立された「首切り地蔵尊」が、静かに風に吹かれ雨にぬれている。

※小塚原では、一七七一（明和八）年、蘭学者の杉田玄白《げんぱく》、前野良沢《りょうたく》たちが、刑死者の解剖を実際に見て、オランダの解剖書『ターヘル・アナトミア』の翻訳に役立てた。その翻訳書が『解体新書』であり、その苦心を記したのが、有名な『蘭学事始《らんがくことはじめ》』だ。

「顔のまんなかにフルヘッヘンドせしものあり」の「フルヘッヘンド」がわからなくて苦しんだ

小塚原首切りの地蔵。江戸時代小塚原の仕置場では、約20万人が処刑された。首切り地蔵が刑死者たちの霊をなぐさめている。

が、ようやく「うずたかい」という意味だとわかった。そうか、「鼻」のことだったのか！　というような話を、昔、教科書で読んだことを、わたしは思い出す。

※幕府最大の牢屋は江戸小伝馬《こでんま》町（中央区日本橋小伝馬町）にあり、明治新政府にも引き継がれて、明治八（一八七五）年まで使われた。

木造平屋で、いつも二、三百人が収容されていたという。いまでいう拘置所で、刑が決まるまで閉じ込められる仕組み。死刑や拷問もここでおこなわれていた。

※この牢で死刑になったのが、幕末期の長州藩の志士、思想家の吉田松陰《しょういん》だった。

二十五歳のとき、浦賀に再度来航したアメリカ軍艦に乗り込んで、禁止されていた海外渡航を試みたが失敗し、伝馬《てんま》町の牢に入れられた。

小塚原回向院にある鼠小僧次郎吉、片岡直次郎、高橋お伝、腕の喜三郎の墓。

やがて幕府は松陰を出身地の萩《はぎ》（山口県）に送り、入獄させた。のち生家での禁固を許した。松陰は近隣の子弟を集めて、私塾「松下《しょうか》村塾《そんじゅく》」を開いた。誠意は必ず人に通じる、これが正しいと考えたことは実行する、と説いたこの教育のなかから、高杉晋作《しんさく》、久坂玄瑞《くさかげんずい》、伊藤博文《ひろぶみ》、山県有朋《やまがたありとも》などの人材が輩出した。

幕府は長州藩に松陰を江戸に送るように命じ、伝馬町の獄で処刑した。安政六（一八五九）年、松陰三十歳だった。墓は世田谷区若林の松陰神社境内にある。神社は明治十五（一八八二）年、松陰ゆかりの人たちが創建した。境内には、萩の松下村塾を模した建物もある。

松陰は、太平洋戦争前に、その思想の「忠君愛国」の部分だけが教育に利用され、戦後はその反動で無視されるようになってしまったが、

松陰神社。長州（山口県）萩の松下村塾を模した建物と吉田松陰の銅像。松陰神社の境内の墓石には「吉田寅次郎藤原矩方墓」と刻まれている。

そんな単純な人物ではない。昔もいまも、一人の人間に対する評価の仕方は、ただのレッテル張りである場合が多いのは不思議だ。

鈴ヶ森は、京浜急行大森海岸駅下車徒歩5分。
小塚原は、地下鉄日比谷線南千住駅下車徒歩4分。
小伝馬町の牢屋跡は、地下鉄日比谷線小伝馬町駅近くの十思公園。
松陰神社は、東急世田谷線松陰神社前駅下車。

八百屋お七

八百屋お七が火をつけた

お小姓吉三《こしょうきちざ》に逢ひたさに
われとわが家に火をつけた
あれは大事な気持です
忘れてならない気持です

これは、文化勲章を受けた詩人、堀口大学さん（一八九二―一九八一年）の詩「お七の火事」だ。

「八百屋お七」とは、いい伝えによると、江戸本郷追分《おいわけ》の八百屋の娘。天和二（一六八二）年十二月二十八日、駒込《こまごめ》の寺から出火した大火で、正仙寺（一説に円乗寺）に避難した。そのとき、寺の若い小姓（えらい人の雑用を務める人）と恋仲になった。家に戻っても会いたくてたまらず、ならず者にそそのかされて、また火事があれば会えると思い込んだ。

翌年三月二日に放火して捕まり、鈴ヶ森で火あぶりの刑になった。十五歳だった、という説もある。

三年後には井原西鶴《さいかく》の小説『好色五人女』にあつかわれ、さらに、恋愛や情死のようなニュース種を取り入れた話を、三味線を伴奏に節をつけて語った「歌祭文《うたさいもん》」にもうたわれて有名になっ

文京区白山の円乗寺にある八百屋お七の墓。正仙寺、駒込吉祥寺なども近い。

た。

浄瑠璃《じょうるり》・歌舞伎にもなった。役者が着た、「浅《あさ》黄《ぎ》麻《あさ》の葉《は》鹿《か》の子《こ》」の着付けが、お七の衣装として定着した。

「お小姓吉三」に会いたさに、その衣装で櫓《やぐら》に上って半鐘《はんしょう》（または太鼓）を打つ場面が最高の見せ場になっている。

　事件の主人公が、内容によっては、大ニュースになり、歌や芝居になってもてはやされるのも、江戸の面白さだ。お七の、切ない、幼い、純といえばいえなくもないこころが、江戸の人びとの気持ちに訴えたのだろう。そう思うと、江戸の人たちが、にわかに身近な存在に感じられる。

　しかも、歌や芝居の筋が、いつの間にか実話として流布《るふ》して、さらに尾ヒレがついて広がってゆく。いまでいえば、マリリン・モンロー伝説のようなものかも知れない。江戸の男女は、なかなかマスコミ的だった。

堀口さんの詩も、そのあたりを、優しくとらえて、好きですきでたまらなくなるこころは、実は大切なこと、とユーモラスにうたったわけだ。

新聞記事なら、「放火などは絶対に許されないことだが……」とただし書きをつけるだろうが、詩人はそんなヤボはいわない。

「八百屋お七」の墓は、文京区白山の円乗寺にある。

木造の屋根のついた立派な囲いのなかに、「八百屋於七地蔵尊」と書かれた提灯《ちょうちん》が下がり、塔婆《とうば》や石灯篭《いしどうろう》や供養塔が立ち並ぶ、堂々たる一角だ。

真新しい立て札には、「寛政（一七九三）年／初代　岩井半四郎建立／百十二回忌供養塔／八百屋於七之墓」と記されている。

「町内有志二百七十回忌供養塔」とも書かれている。いつ行っても、花や千羽鶴や果物が供えられているのは、いまもお参りする人が絶えない証拠だ。

「八百屋お七」伝説は、いまもなお生きていて、わたしたちに、なにごとかを語りかけているのだ。

丸谷才一さんは、先に紹介した本のなかでこういっている。

「徳川時代の京都を代表する女は誰か、大阪を代表する女は誰かと言はれても、たいていの人が

桜田門。お濠に影を映す白壁と石垣と緑の調和が美しい。

返事に困るだらう。しかし江戸なら即座に答へることができる。八百屋お七である。不思議なことにあの都市を象徴する女は千姫でも高尾でもなく、十七歳の可憐な放火犯だった」

🚃八百屋お七の墓は、地下鉄三田線白山駅から歩いてすぐ。

◇桜田門外の雪と血と

雪の中を粛然と行列が進んでくる。

※吉村昭さんの小説『桜田門外ノ変』（新潮社）の、最も劇的な襲撃の場面は、この静かな一行に始まる。

豪徳寺にある井伊直弼の墓。豪徳寺は彦根藩井伊家の菩提寺。招き猫でも有名。

時は万延元（一八六〇）年、三月三日、桃の節句というのに、ときならぬ大雪になった日の朝。

場所は、江戸城桜田門のすぐ外、いまの警視庁正面玄関前のあたり。

彦根藩主であり、幕府の官僚機構の最高の地位、いまでいえば内閣総理大臣にあたる、「大《たい》老《ろう》」井伊直弼《なおすけ》は登城のため、桜田門に近い藩邸を出た。

大老の乗った駕篭《かご》の前後に武士二十数名、槍などを持った身分の低い「足軽」四十名ほどが、列をつくって雪の中を進んでくる。馬の姿もある。

大名屋敷のへいなどに身を隠していた、水戸藩の十七人と薩摩藩の一人、計十八人は声もなくその行列に斬り込み、大老を殺害して首を斬

愛宕山桜田烈士遺蹟碑。水戸藩と薩摩藩の武士たち18人は、襲撃の前、この愛宕山に集結した。

り落とした。

あとは、ものすごく面白く、迫力に富んだ吉村さんの歴史小説を、ぜひ読んでもらうとして、一面の雪は血まみれの風景に一変したのである。

雪のうえに斬り落とされた指や鼻が散乱しているのは、なぜか。その理由も、小説に書いてある。

いま、桜田門の白壁は緑の木々を背景に、まことに整然と美しい。

※アメリカの「黒船」の来航で開国を迫られていた幕府は、井伊を大老として、開国に踏み切ろうとした。これに反対して、皇室を敬い（尊皇）外国人を排撃（攘夷）せよと叫ぶ「尊《そん》皇攘夷《のうじょうい》」派の武士たちを、井伊政権は弾圧した。これが「安政《あんせい》の大獄《たいごく》」だ。吉田松陰もその

犠牲者の一人だった。

井伊直弼は弾圧の一方で、京都の朝廷（天皇を中心とする組織）の許可をとらないままにアメリカ・オランダ・ロシア・イギリス・フランスの五か国と修好通商条約を結び、長年にわたる鎖国を解いて開港した。

雪の桜田門外で井伊直弼を暗殺したのは、こうした政治・外交に憤激した武士たちだった。以上はまことに単純化しすぎた説明だけれど、この事件によって「尊皇攘夷」の動きはさらに激化し、さらに「倒幕」運動へと進んでゆく。

そしてついに、徳川幕府は崩壊することになるのだけれど、歴史は面白いなあ。幕府が崩壊した結果は、外国人を追放する「攘夷」どころか、どの外国ともつきあう、全面開国ということになるのだから。

※ところで、殺害された井伊直弼の墓は、世田谷区の豪徳寺にある。この土地は、彦根藩（現・滋賀県）の江戸屋敷を支えるための領地で、寺は藩の菩提寺だったから。

※襲撃した武士たちは、決行前に港区内の愛宕山《あたご》に集合した。いま山の上には「桜田烈士愛宕山遺蹟碑」と記された石碑が立つ。

「烈士」十八人は、ほとんどが、その場で戦死、切腹、負傷死、自首して死罪、などで死に、天寿をまっとうしたのは二人だけだったという。

上野公園の西郷隆盛の銅像。官軍側総司令官としての西郷は、この「西郷さん」からは想像しにくい。

桜田門は、最寄りは地下鉄有楽町線桜田門駅、同日比谷線・丸の内線・千代田線霞ヶ関駅だが、ＪＲ有楽町駅、地下鉄日比谷線日比谷駅からお堀端や日比谷公園内を歩くもよし。

豪徳寺は、小田急線豪徳寺駅から歩いて5分、東急世田谷線宮の坂駅近く。

愛宕山は、地下鉄日比谷線神谷町駅か同三田線御成門駅の中間あたりどちらの駅からも徒歩10分。

明治維新を歩く

次に紹介するこの歌があったら、そのカラオケ屋は相当にかわっている。

昭和六（一九三一）年に出た、西条八十《さいじょうやそ》・作詞の『サムライ・ニッポン』という題の流行歌だ。

「人を斬るのが侍ならば／恋の未練がなぜ斬れぬ」、ではじまる歌の二番は、「昨日勤皇《きんのう》　明日は佐幕《さばく》／その日その日の出来心」、という風につづく。

若い人にはエンのない（わたしにだってありはしない）古い歌だが、「勤皇」は、朝廷を敬う立場、「佐幕」は、幕府に味方する立場、を意味する言葉。

一昔前の酔っぱらいサラリーマンは、こんな歌をつぶやいて、人事の不満のウサを晴らしていたものだ。「昨日は課長派、明日は補佐派」

「勤皇」は「尊皇攘夷」で、外国人は出てゆけ、幕府は政治の実権を朝廷に返還せよ、だ。「佐幕」は、徳川三百年のご威光を守れ派で、開国派もこちらということになる。

当時の日本中の藩は、そのどちらにつくかをめぐって、議論がわいて大変な騒ぎ。歌の文句じゃないけれど、昨日と明日でコロコロと動いた。

そのあたりを詳しく語る力はないので歴史の本にまかせるとして、幕府は「尊皇攘夷」と「討幕」を掲げる長州（山口県）に軍隊を送ったが敗けっぱなし。徳川三百年の威光は地に落ちた。

一八六七年、京都の朝廷から長州藩、薩摩藩などに、天皇が「討幕」を命じた詔勅《しょうちょく》が秘かに出された。

勝・西郷会見之地碑。西郷隆盛と勝海舟は、薩摩藩邸で会談し、二人して愛宕山から江戸の街を眺めた。

これで、幕府は天皇の敵、朝廷の敵、つまり「朝敵」ということになり、幕府軍は「賊軍」、長州藩、薩摩藩などの軍は「官軍」になった。

このため幕府は、朝廷に政治の実権を返還した。これが「大政奉還《たいせいほうかん》」だ。

しかし、徳川家になお忠実な会津藩などの諸藩連合は徳川の権力維持を策した。大阪にいた前将軍・徳川慶喜は旧・幕府軍一万を進発させた。

※慶応四（一八六八）年一月、京都郊外の鳥羽《とば》・伏見《ふしみ》で薩摩・長州軍四千と衝突した。旧・幕府軍の方が数は圧倒的だったが、薩長軍はヨーロッパから輸入した最新鋭の大砲・銃で、これを破った。

薩摩・長州藩は、「攘夷」などと勇まし

戊辰戦争当時の弾痕が残る寛永寺黒門。円通寺の住職が彰義隊の戦死者を弔った縁で、千住の円通寺に保存されている。

いことを主張していたのに、外国の近代的装備にはとても太刀打ちできないことに気がついて、「攘夷」なんかさっさとやめて、軍の近代化、つまりヨーロッパ化を図っていた。

文久二（一八六二）年、神奈川の生麦《なまむぎ》付近で、薩摩藩主の行列を乱したという理由で、イギリス人一人が斬り殺され、三人が負傷した（生麦事件）。

この事件に怒ったイギリス東洋艦隊七隻が翌年、鹿児島を攻撃して、大打撃を与えた。薩摩藩はこの「薩英戦争」の教訓から、軍備の近代化を急いだ（この事件、戦争については、吉村昭さんの名作『生麦事件』新潮社、に詳しい）。

また、その六三年には、幕府の「攘夷命令（外国人排斥）」に従って長州藩が、下関海峡を通過しようとした外国船を砲撃した。

これに報復するため、翌六四年八月、イギリス・

寛永寺の黒門

フランス・アメリカ・オランダの連合艦隊が下関海峡の砲台を攻撃して、長州藩を屈伏させた（四国艦隊下関砲撃事件）。長州藩もまたこれに学んで、軍備の近代化を急いだ。

外国軍に完全に敗北するという苦い教訓を生かした薩・長連合軍に対して、一方の旧・幕府軍は、大昔の源氏と平家の争いのころのような、華麗な鎧《よろい》・兜《かぶと》に着飾った武士の姿が目立ったという。

「攘夷」派を弾圧して開国に踏み切った幕府が、「攘夷」派の時代の流れを見る目の鋭さに敗れたのは、歴史の皮肉としかいいようはない。

※この「鳥羽・伏見の戦い」が、「戊辰《ぼしん》戦争」の発端になった。勢いにのる「官軍」は、薩摩藩出身の政治家・西郷隆盛《たかもり》を「総司令官」に江戸に向かって進撃した。

官軍（政府軍）の先頭にひるがえっていたのが朝廷が出した、賊軍征討の「錦旗《きんき》」。鮮やかな色彩の錦で作った旗だ。

いまのわたしたちの会話の中に、「錦のみ旗」という表現がある。だれも反対できない立派な口実、大義名分、といったような意味で用いられる。語源は、この「錦旗」にあるわけだ。

「錦旗」が江戸に進むにつれて、それまで行動を決められないでいた藩も、続々とそのあとに従うようになっていった。

※政府軍は江戸総攻撃の日を慶応四（一八六八）年三月十五日と決定した。同十三、十四日、江戸・薩摩邸で西郷隆盛と幕府の代表、勝海舟《かつかいしゅう》の会談がおこなわれた。

薩摩邸は、現在の港区芝五丁目の三菱自動車ビルあたり。そこには当時の絵図のついた石碑が設けられている。

維新新政府は、徳川家に対して厳しい態度で臨む方針だったが、政府内部の声や、内戦を望まないイギリスなどの国際的圧力によって妥協が成立し、江戸は、平和のうちに新政府に明け渡されることになった。

しかし、会津藩などはまだ抵抗して、戊辰戦争はなおつづく。

※旧幕臣たちが組織した「彰義隊《しょうぎたい》」約三千は、「最後の将軍」徳川慶喜の謹慎する上野の山の寛永寺にこもって政府軍に抵抗しようとした。しかし、慶喜は水戸に去った。

五月十五日、長州藩出身の大村益次郎《ますじろう》（靖国神社の項参照）に指揮される政府軍は、イギリス製の最新鋭のアームストロング砲をもって上野の山を攻撃した。

このとき激戦になったのが、寛永寺の「黒門」付近だった。しかし抵抗ははかなく、半日にして終わった。このあたりのことは、益次郎の生涯を描いた、司馬遼太郎さんの小説『花神』（新潮文庫）に詳しい。

「西郷さん」の銅像に隠れてひっそりと「彰義隊戦死之墓」がある。

隊士の死体約二百六十余は、「賊兵」として雨の中に放置されたままだった。見かねた円通寺の住職と、義理に厚いある俠客《きょうかく》が火葬にした。いま「西郷さん」の銅像のうしろの森のなかに「戦死之墓」がある場所である。

いまもここにたたずむ人の多いのは、徳川への「義理」に、負けるのは承知の上で、意地になって身を投じた人びとに対する思いゆえなのだろうか。

戊辰戦争の会津《あいづ》（福島県）戦争で、やはり政府軍に抵抗して敗れ、飯盛山《いいもりやま》で切腹して果てた、少年ばかりの「白虎隊《びゃっこたい》」の悲劇も、同じようにいまに語り継がれている。

この少年たちの遺骸も、「政府軍（いわゆる「官軍」のことだが、会津の人びとはいまも「官軍」とは呼ばない）」の命令で、しばらく放置されたままだった。

※彰義隊士の遺骨の一部は円通寺に葬られた。その縁で、「黒門」は、明治末年にこの寺に移された。

いまなお、小銃の弾丸の当たった跡の生々しい門を見ると、「上野の山」の戦争が、不思議に身近なものに思えてくる。

※近藤　勇《いさみ》といえば、チャンバラ映画などでおなじみだが、この人たちも、敗れ去ってゆく時代の流れに逆らって生きたのだった。

幕末の京都には、各地から「尊皇攘夷」の志士が集まっては、幕府を倒す策をねり、同志を募《つの》

新撰組隊長近藤勇は板橋で処刑された。墓は板橋駅前広場の正面にある。

っていた。

幕府は「新撰《しんせん》組」という組織を作って、その取り締まりにあたらせた。その隊長が、武蔵国多摩郡の村（調布市内）出身の近藤勇だった。大勢の有能な志士たちが、新撰組のテロ活動の犠牲になった。

時代の流れは完全に変わり、「追う」側の近藤勇たちは、今度は「追われる」側になった。鳥羽・伏見の戦いに敗れたあと江戸に戻ると、隊を組織して、甲斐勝沼（山梨）、下総《しもうさ》流山《ながれやま》（千葉）で政府軍と戦って敗れた。

流山で逮捕された近藤勇は、一八六八年四月、板橋の官軍本営に送られ、板橋刑場で首をはねられた。首は、京都・三条河原にさらされた。

墓はＪＲ板橋駅の前にある。いまも花を供える人が絶えないのは、なぜだろうか。

西郷隆盛留魂祠。墓の隣には西郷隆盛の留魂祠と詩碑がならんでいる。

※上野の山の一角に立つ「西郷隆盛銅像」は「西郷さん」という呼び名で親しまれている。

官軍を率いて江戸に向かい、勝海舟との会談で「江戸無血開城」を果たした英雄は、筒袖に兵児《へこ》帯《おび》姿、草鞋《わらじ》ばきにイヌを連れた、いたって気楽な様子だ。

明治新政府最高の功臣として、長い歴史を持つ藩を廃止して県を置く、いわゆる「廃藩置県」を断行した。

しかし、幕末以前から一部に唱えられていた「朝鮮侵略」のいわゆる「征韓論」を主張して敗れると、一切の役職を捨てて、故郷の鹿児島に帰ってしまった。

私学校を作って子弟を教育していたが、明治十(一八七七)年二月、この生徒たちに押し上げられて、政府軍の陣営である熊本城を攻撃した。

洗足池に勝海舟の別邸「洗足軒」があった。洗足池畔に勝海舟夫妻の墓がある。

政府の新しい政策や、武士階級に与えられていた身分「士族」の解体政策などに反対する、一連の「士族反乱」の一つだった。

明治政府は徴兵令を発動して、これを攻めた。九月二十四日、西郷たち幹部は戦死、切腹して敗れた。

西郷隆盛は「賊」の汚名を着せられたが、維新のときの功績ゆえに、明治二十二（一八七九）年、「大日本帝国憲法」公布のときに許された。

※間もなく、大勢の人びとの寄附金によって銅像が作られた。像は高村光雲（詩人・光太郎の父）、イヌは後藤貞行の作だ。

隆盛については、勝海舟の語録である『氷川清話《ひかわせいわ》』（角川文庫）に詳しい。

「もしばかなら大きなばかで、利口なら大きな利口だろう」とは、その中にある、幕末の志士、坂本竜馬による隆盛評だ。

- 「勝海舟・西郷隆盛会見の場」は、ＪＲ京浜東北線・山手線田町駅前、地下鉄三田線三田駅下車歩いてすぐ。
- 「上野の山」は、ＪＲ上野駅（公園口）、京成電鉄上野駅、地下鉄銀座線上野駅下車。
- 円通寺は、地下鉄日比谷線南千住駅下車徒歩10分、都電荒川線三ノ輪橋駅からは歩いて5分。
- 近藤勇の墓は、ＪＲ板橋駅前。
- 洗足池は、東急池上線洗足池駅下車歩いて3分。

Ⅱ 「明治」と「戦争の神々」を歩く

乃木将軍の肖像画。乃木神社の史料室に飾られている。

◇靖国神社

九段の靖国神社の大鳥居をくぐると、すぐ目につくのは、たかだかとそびえ立つ大村益次郎の銅像だ。

読書と「想像力」によって、ヨーロッパの近代的軍事知識を身につけた人物。豆腐が大好きな人でもあった。

長州（山口県）の農村の貧しい医者の家に生まれ、大阪の大蘭学者、緒方洪庵《おがたこうあん》の蘭学塾「適塾《てきじゅく》」で、オランダ語と医学を学んだ。

ペリー来航（一八五三年）後に宇和島《うわじま》藩に迎えられて、西洋の兵書の翻訳や軍艦の製造を指導した。

この人の生涯を描いた司馬遼太郎さんの小説『花神』（新潮文庫）によると、戦争で兵をどう動かすかを記したオランダの本を読みながら、益次郎の頭のなかには、その動きが、スクリーンに映し出されるように見えたらしい。

靖国神社大鳥居の前にそびえ立つ大村益次郎の銅像。

やがて幕府の学者になり、さらに故郷の長州藩に戻って兵学を教えた。

徳川幕府にそむいたという理由で幕府軍が長州を侵攻してきたとき、長州軍を指揮してこれを敗走させた。

長州という狭い世界だけにこもらない、開けた知識人として、藩の軍制度を改革し、ヨーロッパの新式の銃砲を装備しようと努力したからだ。

益次郎の属する長州藩は、外国人を排斥する「攘夷《じょうい》」の藩だったのに、実際の行動力の方では「外国」式を取り入れていた。

やがて明治新政府の軍事指導者となった。「戊《ぼ》辰《しん》戦争」では、「上野の山」の彰義隊《しょうぎたい》を破る戦功をあげた。

しかし、武士だけが武装することができ、戦争は、支配者である武士が執《と》りおこなうものであった伝統を捨てて、だれでも兵士になって武装できるようにした益次郎の改革は、武士層の特権を奪い、西洋かぶれをあおる、と攘夷派の反感を買っていた。

明治二（一八六九）年九月、自分と同じ長州藩の不平分子に襲われて負傷し、やがて死んだ。司馬さんの小説『花神』によると、大阪の宿で湯豆腐をつついていたときに斬り込まれたらしい。

日本軍制の創設者として、明治二十六（一八九三）年、この銅像が建てられた。「想像力」で洋式軍隊を創りあげた益次郎だったが、「かれが作った日本の軍隊が、その後海外にまで出てゆくという意外な歴史の結果を想像することはできなかった」（『花神』）

※この大村益次郎の銅像の立つ靖国神社は、もとの名前を「東京招魂社」という。

昔の暦でいえば、「戊辰《ぼしん》」の年にあたる一八六八年の一月の「鳥羽・伏見の戦い」にはじまり、翌年五月の「五稜郭《ごりょうかく》の戦い」（箱館〔函館〕戦争）に終わった、一年五カ月にわたる戦争を「戊辰戦争」と呼ぶ。

新政府の軍隊（「官軍」）に対して、旧・徳川家の人びとや、幕府の存続を主張した一部の藩の人たちが抵抗して戦ったこの内乱では、多くの戦死者が出た。

そのうち政府軍の死者の霊をまつったのが、この招魂社だ。のちに、幕末の「安政の大獄」などで死んだ志士たちの京都招魂社の祭神、さらにその後の戦争の戦死者の霊を、合わせまつって

靖国神社拝殿

靖国神社となった（一八七九年）。

陸・海軍省が管理して、神社の最高責任者である宮司は陸軍大将だった。つまり、国の神社である。

※しかし、太平洋戦争が敗戦に終わり、新しい憲法が政治と宗教の分離（政教分離）を定めて、靖国神社は「国の神社」であることから離れて普通の宗教法人になった。

憲法は、信教の自由を保障し、国・地方公共団体が、特定の宗教団体に特権を与えたり、宗教的活動をすることを禁じている。

二百五十万柱《はしら》（柱、とは神を数える単位）の祭神をまつっている。古くは「戊辰戦争」の「官軍」の死者だが、満州事変から日中戦争・太平洋戦争の終わるまでをひとまとめにしていう、いわゆる「十五年戦争」の戦死者が圧倒的に多い。

太平洋戦争が終わると、アメリカ、ソ連（当時）、英国などの連合国軍側は、戦争を始めたときの首相だった東条英機《とうじょうひでき》・元陸軍大将など二十八人の「戦争指導者」を「戦争犯罪人」（戦犯）として、軍事裁判にかけた。このうち七人が処刑された。この人たちもまつられている。

しかし同じ戦争による死者であっても、広島・長崎の原爆の死者や空襲の死者、あるいは、太平洋戦争で唯一、国内で地上戦の戦場になった沖縄県の県民の死者約十五万人などはまつられていない。

🚃靖国神社は、地下鉄東西線・半蔵門線・新宿線九段下駅から歩いてすぐ。

◈聖徳記念絵画館

サッカー、ラグビー、野球、ジョギングなどで、明治神宮外苑には、いつも元気な歓声が上がっている。

その一角にそびえるのは、聖徳記念絵画館である。在位四十六年におよぶ明治天皇の業績を、絵画で示している記念館だ。

静かな館内に入ると、延べ二百五十メートルの壁面に、縦三メートル、横二・七メートルの絵画八十枚が、年代順に展示してある。

嘉永五（一八五二）年九月二十二日の生誕から、大正元（一九一二）年九月十三日の「大葬」まで、さまざまな場面が、荘重な筆づかいで描かれている。「大政奉還」「王政復古」「伏見鳥羽戦」「江戸開城談判《だんぱん》」「西南役熊本篭城《ろうじょう》」「軍人勅諭下賜《かし》」「条約改正会議」「憲法発布式」「教育勅語下賜」「帝国議会開院式臨御《りんぎょ》」「日清役平壌《へいじょう》戦」「日清役黄海《こうかい》海戦」「対露宣戦布告御前《ごぜん》会議」「日露役旅順《りょじゅん》開城」……。

天皇を中心にした明治の歴史が、ひとわたり見渡せるわけだ。八十枚のほぼ半分に明治天皇の姿が登場している。数えるともなく数えてみたら、平服姿はわずかな回数で、大半は軍服姿だった。
※作家、丸谷才一さんが『日本文学史早わかり』（講談社）というとても面白い本に、こんな風に書いている。
奈良・平安の時代からいまに至るまで、歴代の天皇はみんな和歌（短歌）を詠むという伝統がある。

ところで、その歌の内容だが、幕末の孝明天皇までは、だれもが「恋歌」を盛んに詠んだ。も

明治天皇とその時代の歴史を絵画で伝える「聖徳記念絵画館」

ちろん、「題詠《だいえい》」といって、架空の、想像上の「恋心」を詠んだものがほとんどだったけれど。

それが、明治天皇の代になって消えてしまった（正確には、無いわけではなかったけれど、戦前にはまったく発表されなかった）。大正、昭和両天皇にもない。

司馬遼太郎さんとの対談（『日本文化史の謎――なぜ天皇が恋の歌を詠まなくなったか』）でも、愉快にこの問題が論じられている。

昔の天皇や公家《くげ》は馬に乗ったり、武人の格好をしなかったのに、明治天皇になって、馬に乗ったり武人の格好をするようになった。つまり、「恋歌をやめて、馬に乗った」というのだ。

絵画館で壁画を見ながらそんなことを思い出して、なるほどなあ、と感じ入った。

歴代の天皇が詠む歌、という角度からも歴史を見ることができるわけだ。

多摩市聖蹟記念館には明治天皇の騎乗像が展示されている。明治天皇はこの地にたびたび鷹狩りや野点（のだて）に訪れた。「聖蹟」の名の由来である。

わたしたちは、「歴史」というと、ともすれば、何年になにがあった、などと、歴史のできごとばかりを考えがちだ。しかし、歴史を考える手がかりは、歌のような、もっと身近なことのなかにも潜んでいる。

和歌・短歌から、にわかにカラオケの歌に飛んで恐縮だけれど、わたしのカラオケの持ち歌は、若い人には笑われるだろうが、古い『憧れのハワイ航路』という流行歌だ。

昭和二十三（一九四八）年に世に出た歌である。戦後まだわずかに三年。ハワイなんぞは、文字通り「憧れ」でしかなかった。これはこれで、立派に戦後の日本経済と暮らしのありのままを示す、「歴史の歌」なのだ。

このガイド・ブックでは、なにごとも、紋切り型の型にはまった割り切り方ではなく、その

明治神宮大鳥居。鬱蒼とした木々のたたずまいから、これが創建からまだ一世紀もへていないとはとても思われない。

ような身近な事柄を、丁寧に観察してゆく柔らかな視点を大切にしてゆきたい。

JR中央線信濃町駅から徒歩。

◇明治神宮

明治天皇（一八五二―一九一二）とその皇后である昭憲《しょうけん》皇太后《こうたいごう》（一八四九―一九一四）をまつった神社で、大正九（一九二〇）年に完成した。

この前の節の、聖徳記念絵画館に並ぶ明治天皇の事績を示す絵にあったように、王政復古によって天皇を頂点とする新政府ができたあと、

武蔵野陵。玉じゃりを踏みしめ、うっそうと生い茂る杉木立のなかを歩んでゆくと、昭和天皇の墓地、武蔵野陵が見えてくる。

憲法体制、官僚体制など、新しい国家の仕組みは、すべて天皇の名の下に形づくられた。

軍隊も「天皇の軍隊」になり、天皇自身が大元帥に位置づけられた。日清戦争も日露戦争も、明治天皇の名の下に戦われた。

「忠孝」を核にして、「忠君愛国」を最高の道徳とした「教育勅語」(明治二十三〈一八九〇〉年発布)の徹底と、二つの戦争の勝利によって、明治天皇の権威は圧倒的に高くなった。

いま渋谷区の中心を占める「神宮の森」は大正四年に造営がはじまったときに、全国から寄せられた九万五千本の献木がもとになって、現在のうっそうたる森になった。

そのなかには彦根藩井伊家の下屋敷の庭園だった部分もふくまれている。

神宮と接する代々木森林公園は、大名や旗本たちの下屋敷などの跡だったが、後に陸軍の練兵場になり、さらに戦後は米軍の兵舎が並んで「ワシントンハイツ」と呼ばれた。

昭和三十九（一九六四）年、東京オリンピックのときに、米軍は朝霞《あさか》に移り、ここに選手村が設けられた。オリンピックが終わると公園に生まれかわった。

神宮、公園ともに、ＪＲ山手線原宿駅、地下鉄千代田線明治神宮前駅・代々木公園駅、小田急線参宮橋駅下車。

※明治天皇のお墓である陵墓《りょうぼ》は、京都の伏見桃山陵だ。

歴代天皇の陵墓で、はじめて東京近郊に定められたのは大正天皇陵で、八王子市の「多摩御陵」だ。昭和天皇の「武蔵野陵」もその近くにある。

ＪＲ中央線高尾駅下車、バス京王八王子行御陵前下車。

◆乃木神社、旧・乃木希典将軍邸

日清、日露戦争に従軍した軍人、乃木希典《のぎまれすけ》（一八四九―一九一二）の屋敷は、一般公開されていて、歴史と戦争と人間について、考えるにいい場所だ。明治の建物としても興味深い。そのすぐ隣は、乃木希典をまつる乃木神社になっている。

※日清戦争（一八九四―九五年）は、明治維新によって成立した新政府による近代化の過程で、はじめて体験した本格的な外国との戦争。

「清」は、十七世紀から二十世紀初めにかけて満州人が支配した中国の王朝。十八世紀から十九世紀になると国力は衰え、アヘン戦争をはじめとして欧米列強の圧力を受けてガタガタになっていった。

弱体化した清だが、朝鮮に対しては、自分たちの属国あつかいする「宗主権」を主張していた。

一方で日本では、明治のはじめごろから朝鮮を支配しようという考えが強く、清国と激しく対

乃木希典邸。乃木将軍と妻が明治天皇を追って自害した部屋は、ガラス窓ごしにのぞき見ることができる。

立するようになっていった。

明治二十七（一八九四）年、朝鮮で農民戦争が激しくなると、朝鮮政府（李王朝）は清国政府に出兵を頼んだ。

そうなれば、朝鮮は完全に清国の支配下に入ってしまうと考えた日本は、居留民と公使館の保護を名目に出兵し、ひそかに朝鮮王宮に攻め込んだ。清国との開戦の名分を手に入れるためだった。王宮を占領して国王をとりこにした日本軍は、国王に「清国軍駆逐」依頼の文書を出させる。こうして二日後、豊島沖海戦で日清の戦争がはじまった（中塚明『歴史の偽造をただす―戦史から消された日本軍の「朝鮮王宮占領」』高文研）。

日本軍は満州（現在の中国東北地方）に進撃し、旅順《りよじゅん》・大連《だいれん》を占領し、遼東《りょうとう》半島も制圧した。九五年三月、下関で講和会議を開き、戦争は日本の一方的な勝利に終わった。

日本の動員兵力はざっと二十四万人で、戦死者は一万三千四百八十八人（うち病死者一万一千八百九十四人）。

日本は賠償金のほか新領土として台湾と澎湖《ほうこ》諸島、遼東半島を獲得したが、ロシア、フランス、ドイツが返還すべきだと要求したため（「三国干渉」）、日本は遼東半島を返還した。

極東への進出をねらうロシアが危機感を強めてフランスと共謀し、ドイツは、ロシアが東方に進出した方が自国にとっては安全、と考えた。三国の「帝国主義」的野心が一致した結果だった。

日本の世論は、「臥薪嘗胆《がしんしょうたん》」（薪の上に寝たり、苦い肝《きも》をなめたりするように、苦心、苦労を重ねて仇《あだ》をはらそうとすること。古代中国の故事からでた言葉）を合言葉に、ロシアに対する敵対心を強めた。

ところで、「帝国主義」とは何だろう。一口にいえば、こうだ。

工業が発達して商品が大量に生産できるようになると、自分の国のなかだけで売っていたのでは儲けが伸びなくなる。そこで、国の総力、つまり、経済力・軍事力を動員して、工業の発達していない国や地域を支配して、資源を奪う一方で、自分たちの工業製品を売りつける「市場」にしようとすること。

日本の幕末から明治はじめにあたる十九世紀末ごろの、イギリス、フランス、ドイツ、オランダ、ロシア、アメリカなどの列強諸国がそれで、中国、東南アジア、アフリカに勢力を広げていた。各地に植民地ができていた。

「日本もこのままでいると植民地にされてしまうぞ」という危機感が、明治維新の大きな原動力だった。けれど、その日本も、近代化が進むにつれて、帝国主義欧米列強の仲間に加わろうと努めるようになった。

※日露戦争（一九〇四―〇五年）は、世界の超大国であるロシアと、アジアの小さな後進国・日本の、世界史的にも大規模な近代戦争だった。

日本が返還した遼東半島に進出したロシアは、ここに東洋艦隊の軍港と要塞《ようさい》を築き、さらに満州を事実上、占領し、さらに朝鮮に手を伸ばそうとしてきた。

超大国の「南下」に日本の国民は、「民族存亡」の危機感にとらえられた。常識的にいったら勝てるはずのない相手を前に、明治の日本はナショナリズムという情念に激しく揺さぶられた。

諸新聞はロシアとの対決を声高に主張しつづけた。社会主義者の幸徳秋水《こうとくしゅうすい》、堺利彦、キリスト教徒の内村鑑三を擁して戦争反対の論陣を張っていた黒岩涙香《るいこう》の『万朝報《よろずちょうほう》』も主戦論に転向した。

退社した幸徳、堺は『平民新聞』を発刊して、発売禁止などにあいながら反戦を叫びつづけた。

しかし、ロシアに対する圧倒的な敵対意識や、戦争によって何らかの利益を期待する国民の間で大きな力にはならなかった。

アジア各地でロシアと対立するイギリスと日英同盟を結んだ日本は、ついに開戦に踏み切った。超大国に対する小さな後進国・日本の挑戦に世界の世論は同情的だった。

しかし、満州と朝鮮の人びとにすれば、ロシアと日本が、満州と朝鮮を手にいれようとして勝手に争っている戦争で、一方的に被害者にされているに過ぎなかった。

この戦争に勝った日本は、朝鮮を支配することになった。日本による朝鮮の植民地支配は、日本が太平洋戦争に敗れる昭和二十（一九四五）年までつづくことになる。

ただし、このわたしにすれば、ちょっぴり「経験」のある太平洋戦争と違って、日露戦争は、本の上での知識で考えているだけ。

想像力とリクツの上では、否定的な面も大いにわかるつもりなのに、正直に告白するならば、たとえば「日本海海戦」の勝利のような場面になると、どうしてもこころ躍《おど》ってしまう。

二十世紀の旧ソ連のやり口などから想像すれば、大国ロシアに飲み込まれてしまう、という当時の国民の不安もわかるし、万が一、負けていたら大変だったと思う。超大国ロシア対新興の小国・日本という図式が、わたしのこころの奥のナショナリズムの感情を刺激するせいでもあるだろう。

しかし、そんなわたしも、乃木希典司令官が指揮した旅順攻撃となれば、うーむとうなってしまう。攻撃のたびに、要塞の山の斜面は、日本兵の戦死者で埋め尽くされた。

ロシアによる満州支配の象徴的な場所である大要塞・旅順の攻撃には総計十三万の兵力が注ぎ込まれ、なんと、五万九千余の死傷者を出したのだ。

詩人、与謝野晶子《よさのあきこ》の、「旅順の攻囲《こうい》軍にある弟宗七を嘆きて」の、有名な詩「君死にたまふことなかれ」もこのころ書かれた。

ああ、弟よ、君を泣く、
君死にたまふことなかれ。
末に生まれし君なれば
親のなさけは勝りしも、
親は刃をにぎらせて
人を殺せと教へしや、
人を殺して死ねよとて
廿四までを育てしや。
（以下略）

この詩が発表された雑誌『明星《みょうじょう》』（明治三十七年九月号）は発売禁止になり、詩人・随筆家の大町桂月《けいげつ》は晶子を、「乱臣也、賊子也」と罵倒した。

乃木将軍という「詩的」人間と、軍人としての「無能」ぶりは、司馬遼太郎さんの作品『殉死』（文春文庫）に詳しい。

要塞の堅固さについて無知なままに、正面からの攻撃にばかりこだわって、死者の山を築いた無謀さ、無計画さに、戦争を知らないわたしも呆然とするのだ。

日露戦争は、幸いにも日本の勝利に終わった。やがて明治四十五（一九一二）年、明治天皇が死去すると、乃木将軍は、妻とともに自害して、天皇の後を追った。

フランス軍隊の建物を模したといわれる自宅も、自害の部屋も当時のままに保存されていて、一部は見学できる。その隣地に乃木神社が建てられた。ここを訪れる人は、事前に『殉死』を読んでおくといい。

隣の乃木公園は、パリ在住の造形作家、津久井利彰さん（浦和市出身）が、自分の作品を中心に据えて全面改装した。公園の素晴らしいありかたを示す好例として、一見の価値あり。ぜひ寄ってほしい。

なお、神社で十一月を除く毎月第二日曜に開かれる「のみの市」は骨董ファンの楽しみだ。

🚃旧・乃木邸、乃木神社、乃木公園とも地下鉄千代田線乃木坂駅下車すぐ。

東郷神社。この神社の「神」は日露戦争のヒーロー、東郷元帥だ。

◇東郷神社

日露戦争で連合艦隊司令長官となり、日本海海戦で、ロシアのバルチック艦隊を破った東郷平八郎元帥をまつる。

※日本海海戦

当時のロシアは、世界最大級の陸海軍を持つ超大国だった。海軍のうち東洋艦隊は、ウラジオストックと満州の旅順港を基地にしていた。

ウラジオ艦隊は津軽海峡を抜けて御前崎《おまえざき》沖あたりまで来て、日本やイギリスの汽船を撃沈した。国民の間に恐怖感が広がった。

日本海軍は、この艦隊に打撃を与えたが、なお旅順港には戦艦をはじめ、計十万トンもの艦隊が潜んでいた。

一方、遠いバルチック海から五十隻の大艦隊が、スエズ運河経由とアフリカの喜望峰《きぼうほう》経由でアジアに向かっていた。

これが到着する前に旅順港の艦隊を撃滅しておかなければ、日本は大変なことになる。このため、港を囲む高地を占領し、その上から艦隊を砲撃しようと考えた。この、高地を奪うための戦闘を指揮したのが乃木司令官だった。

山の斜面が日本兵の死体で覆われ尽くしたほどの激戦の末、高地を占領し、ようやくのことで艦隊を壊滅させた。

バルチック艦隊は、フランス領インドシナのカムラン湾（いまのベトナム東岸）に集結したあと対馬海峡に向かった。これを迎え撃ったのが、東郷司令長官に指揮された連合艦隊だった。長官の乗った旗艦「三笠《みかさ》」に、「皇国《こうこく》の興廃《こうはい》此《こ》の一戦にあり、各員一層奮励《いっそうふんれい》努力せよ」の「Z旗」が掲げられた。

海戦は最初の三十分で日本の優勢が明らかになった。激しい訓練による砲撃の正確さ、日本で開発した火薬による砲弾の破壊力などによって、ロシア側は旗艦をはじめ戦艦三隻が炎上し、司令長官は重傷を負って意識不明になった。

結局、バルチック艦隊三十八隻のうち、戦艦六隻をはじめ十九隻が撃沈され、ウラジオストッ

8
韓国南岸の鎮海湾で敵発見の報告を受けた東郷司令長官は、
直ちに出撃し旗艦三笠に「皇国の興廃この一戦に在り。各員一層奮励努力せよ」を意味するZ旗を高く揚げさせた。

日本海海戦で旗艦三笠艦上で指揮する東郷平八郎。

クに逃げ込むことができたのは、たった三隻だけだった。日本側の損害は小さな水雷艇三隻だけ。

この大勝利に日本国民は熱狂し、欧米諸国は驚嘆した。トルコをはじめロシアに痛めつけられてきた国々の人びとは喝采を叫んだ。トルコにはいまも「トーゴー」という名前のビールがあるのは、そのときの名残だ。

日本国民は熱狂し、新聞は、バイカル湖まで攻め込めと書きたてた。秘密外交と、諸外国に弱みを見せるわけにはゆかない立場のために、日本政府は国民に何も知らせようとしなかった。

実は、日本の戦力も国力もすでに底をついていた。陸海軍の勝利といっても、ロシア本国とは遠く離れた場所での局地戦にすぎなかった。

日本海海戦の大勝利をカードに、政府は講和

連合艦隊の旗艦三笠は、神奈川県横須賀市の三笠公園で乗船して見学できる。

戦艦三笠のZ旗。「皇国の興廃此の一戦にあり、各員一層奮励努力せよ」と告げるZ旗。

へと動きはじめた。ロシア皇帝はなお好戦的な姿勢を崩さなかったけれど、ロシア国内では革命の動きはすでに、深く激しく進行していた。

アメリカ大統領テオドル・ローズベルトの仲介によって、アメリカのポーツマスで講和条約が締結されて、戦争はようやく終わった。

日本が動員した兵力は百八万八千人、戦死者四万六千人、戦病・負傷者十七万人、捕虜二千人、失った艦艇は軍艦十二隻、輸送船五十四隻など。当時の通常年間予算の八年分を使い果たし、足りない分は外国からの借金でまかなった（佐藤国雄『東郷平八郎・元帥の晩年』朝日新聞）。

ロシアから巨額の賠償金を取れると考えていた国民は、賠償金の要求を放棄した講和の条件に不満だった。

日本は、国力のすべてを使い果たし、もうこれ以上は戦争をつづけることが不可能だった。たとえ妥協しても、政府は戦争を止めるしかなかった。

しかし、「連戦連勝」のニュースだけしか聞かされていなかった国民は憤激し、東京の日比谷公園で講和反対国民大会を開いた。警官隊と衝突して数万人が暴徒と化して、首相官邸や新聞社などに押しかけ、交番を焼きうちした。政府は軍隊を出動させた。

東郷司令長官は、「東郷提督」として世界的な名士になったが、暮らしは質素で、「神社を建てたい」という話があったときは「もってのほか」と怒ったほどだった。

しかし昭和九（一九三四）年五月に死去すると、一カ月もたたないうちに、海軍関係者の総意で「東郷神社建立」がきまった。

生前にはやくも神格化された東郷元帥の一言ひとことを、海軍の幹部たちは押しいただいて、「政策決定の手続き」にした。その結果、海軍も、ずるずると軍国ファシズム、太平洋戦争の方向へと傾斜していった。

高齢の「東郷提督」のかたくなな発言と行動を、「晩節のために惜しむ」と記す海軍の幹部も出るほどだった（前掲書、および、半藤一利『日本海軍を動かした人びと』、前田哲男『東郷元帥は何をしたか』高文研、など）。

東郷神社はＪＲ山手線原宿駅下車、若者でにぎわう竹下通りのすぐ裏。

◇「軍神」

昔から日本には「偉い人」を神にしてまつる伝統がある。

昭和16（1941）年12月８日未明、ハワイ真珠湾内に突入した「九軍神」（靖国神社・遊就館）

平安時代の政治家・学者、菅原道真《みちざね》は京都から九州・太宰府《だざいふ》に左遷されて死んだ。

その後、京で落雷による災害がつづいたのは、道真のタタリだということになり、霊を慰めるために「天神《てんじん》」としてまつった。この人は学者だったために「学問の神さま」としても信仰を集めるようになった。太宰府の天満宮や東京・湯島の「天神さま」がそれ。

楠木正成《くすのきまさしげ》の楠木神社、徳川家康の東照宮、吉田松陰の松陰神社。明治天皇は、「明治の新国家を創設した偉大な天皇」として明治神宮にまつられた。

明治以降になると、戦功をあげた軍人を、「軍神」としてあがめるようになった。乃木神社、東郷神社がその一例だ。

日中戦争以後は、軍が「軍神」を指定するよ

靖国神社大鳥居の近くに、肉弾三勇士の浮き彫りがある。

うになった。太平洋戦争では、真珠湾（パールハーバー）を特殊潜航艇で攻撃した軍人九人は「九軍神」ということになった。

少年時代のわたしも、「軍神」には大いにあこがれたものだった。「空の軍神」になった、陸軍航空隊の「加藤 隼《はやぶさ》 戦闘隊」加藤建夫隊長の葬儀に参列した記憶もある。

※「肉弾三勇士」の銅像

日本軍部が満州に日本の植民地国家「満州国」を樹立しようとしていた昭和七（一九三二）年、日本海軍陸戦隊が上海で中国軍と戦闘した。「上海事変」だ。

「満州国」樹立工作から欧米列強の目をそらすために、日本軍が謀略をめぐらせたことに端を発した戦闘だ。

高さ三メートル、奥行き四メートルの鉄条網

港区愛宕の青松寺の境内には、場所はこの写真のときと少しかわったが、三勇士銅像の一部と墓がある。

に囲まれた中国軍の廟巷鎮《びょうこうちん》の守りは固かった。鉄条網を突破するために、三人一組の決死隊が組織された。

長さ三メートルの竹筒に爆薬を詰め、導火線に火を付ける。これを抱えて走って、鉄条網に突っ込んで爆破する作戦である。

その一組、久留米工作隊の江下武二、北川丞、作江伊之助一等兵が突っ込んで、爆発とともに戦死した。

新聞各紙はこれを、美談として大きく報道した。たとえば、大阪朝日のコラム「天声人語」は、「忠烈とも、壮絶とも、形容いたすべき文句がない」「まさしく軍神として祀るべきだ」と書いた。映画にもなり、国語の教科書にも載った。銅像にもなった。

しかし、太平洋戦争に敗れると、銅像は、撤

肉弾三勇士肖像写真。左から江下武二、北川丞、作江伊之助（靖国神社・遊就館）

去された。「聖戦の勇士」から「侵略戦争の兵士」へと振り回され、さらに、「壮烈な戦死」についての「真相」などが、いろいろな形で語られ、記された。

現在、銅像は、三人のうち「江下武二」の部分だけが残っている。いまもお参りして供養をつづけている人がいるらしい。戦死から七十年近くもたっているのに、いまだこころ癒されない人がいることを、像の姿は無言のまま語っているように見える。

「肉弾三勇士」の浮き彫りは、九段の靖国神社では「健在」だ。

■「三勇士」の分骨の墓と銅像は、港区愛宕二丁目の青松寺境内にある。地下鉄三田線御成門駅、日比谷線神谷町駅から少し歩く。

III 文化の散歩道

お茶の水・ニコライ堂

大森貝塚のモース像。モースが車窓から発見した大森貝塚は、いま大森遺跡庭園として整備されている。遠足に来ていた子どもたちの歓声が楽しげだった。

◇大森貝塚

幼いころのわたしは、電車に乗るたびに座席の上にヒザをつき、窓ガラスにおでこをつけんばかりにして、走り去る窓外の景色を見るのが好きだった（もちろん、ズック靴はきちんと脱いで）。

大田区の蒲田で生まれ育ったせいで、いまもはっきり記憶しているのは、大森駅近くの線路のすぐ際《きわ》に見えた「大森貝塚」の記念碑だった。だから、幼稚園に入るころには、それが、「オオモリカイヅカ」というものであることだけは知っていた。

大井町と大森駅の途中の線路下の地下通路に、地層のようすを示した展示がある。

貝塚発見の経緯も、わたしの幼児体験にちょっぴり似ている。アメリカの動物学者であるエドワード・シルベスター・モース（一八三八―一九二三）が明治十（一八七七）年六月、横浜から東京に向かう車窓から、貝層の露出を発見したのだから。

すぐに発掘されて、日本考古学最初の遺跡となった。

モースは東京大学に招かれて、生物学、動物学を教授し、ダーウィンの進化論を紹介した人。大森貝塚のほか古墳の発掘もおこなって、日本の考古学・人類学への道を開いた恩人である。

この貝塚は縄文式後期のもので、土器、土偶《どぐう》、石斧《せきふ》、人骨などたくさんのものが掘り出された。東大理学部人類学教室に保存され、国の重要文化財になっている。

■ＪＲ京浜東北線大森駅山王口下車、北に歩いて5分の線路際にある。

◇お雇い外国人

明治の新政府は、文明開化、殖産興業のため大勢の外国人専門家を雇って、いろいろな分野で学んだ。

総数三千人以上ともいわれる「お雇い外国人教師」は、日本の近代化に大きな役割を果たした。イギリス人、ドイツ人が多かった。いささか余談めくが、海軍の軍制、教育制度の整備のため東京にきたイギリス人はフットボール（いまでいうサッカー）を日本の若者たちに伝えた。

その若者が各地の師範学校に教師として赴任して、さらに学生に教えた。たとえば埼玉がいま「サッカー王国」といわれるようになった基礎は、埼玉師範の教師とその卒業生によって築かれたのだ。

不肖《ふしょう》、このわたしが、埼玉師範付属中学でサッカーを覚え、高校、大学で全国優勝した経験を持つのも、もとをたどれば、明治はじめの「お雇い外国人」のおかげ。Ｊリーグの歴史も、源は同じといってよい。

アメリカからもモースのような学者が来てくれた。クラーク博士は、札幌農学校（北海道大学の前身）の教頭として、学生にキリスト教精神の強い感化を与えた。

「少年よ、大志を抱け」は、クラークの残した言葉として有名だ。

◈ニコライ堂

神田・駿河台《するがだい》に美しくそびえるニコライ堂を、わたしは何度も見上げたことがあるけれど、ではこの聖堂を建てたロシア人ニコライというのがどんな人であったのか、何も知らなかった。

ところが、中村健之介『宣教師ニコライと明治日本』（岩波新書）を読んで、実に人間的な素晴らしい人物であったことを教えられて感動した。

町を歩くためには、幅広く本を読まなければいけないことを改めて痛感した。「知る」ことによって「景色」は変わるのだから。

中村さんは、レニングラードの古文書館にきわめて貴重な「ニコライの日記」が保管されてい

日本ハリストス正教会復活大聖堂。ニコライ堂の名で親しまれ、青いドームはお茶の水のシンボルだ。

ることをつきとめて、この本をまとめたのである。

ニコライ堂は、正式には、日本ハリストス正教会復活大聖堂といい、国の重要文化財。

ロシア人司祭ニコライは、異人と見れば斬り殺されかねない時代である文久元（一八六一）年に来日した。二十五歳だった。

函館で、医師であり漢学者である木村謙斎や、後の同志社大学の創立者、新島襄《にいじまじょう》に師事して、やがて、『古事記』『日本書紀』から『日本外史』まで読みこなす人になった。

堂々たる日本語の文章を書き、岩手の「南部弁」のなまりが強かったが、大変な雄弁家でもあった。

ニコライの伝道の旅は日本全土におよび、「明治の無名の庶民の中に自分と共鳴する心を見いだしていた」（前掲書）

異国での伝道に努めるニコライに、作家、ドストエフスキーも強い関心を示して、ニコライが聖堂を建てる資金の調達のためモスクワに行ったとき、面会している。

ニコライ堂は、ニコライが、明治十七（一八八四）年から同二十四年までかけて駿河台の幕府役人の屋敷跡、旧幕士邸宅に建設した、ビザンチン風の聖堂だ。関東大震災で被害を受けて、現在の建物は昭和四（一九二九）年に再建された。

聖堂が完成して十三年後、日本とロシアの戦争が始まった。公使をはじめロシア人たちは帰国したのに、ニコライは決然として日本にとどまった。

前に「東郷神社」の項で述べたように、戦争が日本の勝利で終わったとき、講和の内容に不満を爆発させた民衆が暴徒になった「日比谷事件」で、暴徒はニコライ堂にも押しかけた。

姿を隠してくれ、という警察の要請にもかかわらずニコライは神学校にとどまった。百人を越す軍隊、警察が必死になって大群衆を防いだ。

日本の宗教的土壌にも深い理解を示し、庶民に深い愛情を寄せていたニコライは、明治四十五（一九一二）年、七十五歳で死去した。「三千人にものぼる各界からの弔問が相次ぐなかで、明治天皇からの賜花が衆目を引いた。思えば日本に居ること五十二年（後略）」（長縄光男『ニコライ堂の人びと　日本近代史のなかのロシア正教会』現代企画室）

ニコライ堂の内部は、改修後に拝観できなくなったのは残念だが、ここからほど近い神保町の

お茶の水駅の東側、神田川にかかる聖橋(ひじりばし)は、ニコライ聖堂と湯島聖堂の二つの聖堂をむすぶことから聖橋と名付けられた。

古書店街をぶらぶらするのは、最高の楽しみ。さらに裏通りに入れば、安くてうまい食べ物屋や飲み屋が並んでいる。本書を刊行した出版社の「高文研」も、そのあたりで頑張っているのである。

JR中央線・総武線御茶の水駅下車歩いてすぐ。

◇湯島聖堂

※儒教

湯《ゆ》島《しま》聖《せい》堂《どう》に行く前に、儒教についてちょっと考えておこう。

江戸のころ、論語の有名文句は庶民にとってもジョウシキだった。そこで、こんな小咄《こばなし》があるそうだ。

儒学者の家に忍び込んだドロボウが取り押さえられた。仁を説く儒学者は、ドロボウに銀子《ぎんす》(銀の貨幣)を与え、もう二度と悪事を働かないように諭《さと》した。するとドロボウは銀子を数えて、「ああ、すくないかな銀」(新潮社編『江戸東京物語　山の手篇』から)。

このオチは『論語』の、「巧言令色は、鮮《すく》ないかな仁」のモジリ。

巧言も令色も、それ自身必ずしも非難すべきことではない。しかし、口にきれいごとを並べ、容貌、態度をものやわらかく美しく見せることが主になると、その種の人には、とかく、人間の根本の道である仁の心が薄くなりがち(諸橋轍次『中国古典名言事典』講談社学術文庫)という意味だ。

『論語』とは、中国古代の思想家、孔子《こうし》(紀元前五五一—四七九)の言行を記録したもの。政治や道徳についての教えである。

日本には五世紀の初めごろ百済《くだら》の博士・王仁《わに》によって伝えられた。古事記に先立つこと三百年も前のこと。「日本人」が手にした初めての書物である。『論語』を学ぶ儒学は、大化の改新以後、貴族層の必須の教養になった。鎌倉時代になると中国・南宋の新しい儒学である朱子学が伝来して禅僧によって学ばれ、さらに江戸時代になると武士にとって最も重要な教養になり、多く

湯島聖堂孔子像。学生の街お茶の水、そのルーツ湯島聖堂の孔子の銅像。

の儒学者が出た。一部の民衆の間にも広がった。
道徳の実践を説く「教え」という意味で、儒教と呼ばれるようになった。
明治以後は国民道徳として、学校の教育などで大いに教えこまれた。
いまのわたしたちも、ほとんど無意識のうちに、「忠義」とか「親孝行」のように、儒教から出た規範の下に生きている。「儒教なんかカンケイないや」、といっても、わたしたちの精神そのものになってしまっているのである。

※湯島聖堂

江戸時代に、儒学を教える学校は、全国各地の藩につくられた。なかでも、幕府の儒学者（儒官）である林羅山《らざん》が、三代将軍の家光《いえみつ》から上野に広大な敷地を与えられて建てた学塾は中心的な存在だった。

寛永九（一六三二）年、尾張《おわり》藩主、徳川義直《よしなお》がここに聖堂を寄進した。「聖堂」とは、孔子やその弟子たちをまつった「孔子廟《びょう》」のこと。各地の学校にも建てられていた。

儒学に熱心だった五代将軍綱吉《つなよし》は、元禄四（一六九一）年、幕府の直営にするため、この孔子廟を上野から湯島に移した。

綱吉は、みずから「大成殿」と書いた額を掲げ、幕臣を前に儒学を講じたという。

ここでちょっと、この本の冒頭の「江戸を歩く」のなかの、「徳川将軍を探す」や「忠臣蔵を探す」を思い出してもらいたい。将軍綱吉が何度も登場していた。犬を異常なほど大切にしたため「犬公方《いぬくぼう》」と陰口をいわれた綱吉は、一方では大変な学問好きで、自ら儒学の講義をするほどだったのである。前にも述べたけれど、増上寺の近くで、豆腐屋に助けられながら苦学した荻生徂徠《おぎゅうそらい》も、綱吉の時代の儒学者だった。

聖堂の隣には昌平坂《しょうへいざか》学問所が建てられ、幕府直参《じきさん》や諸藩の武士たちが集まって儒学を学んだ。後には日によって浪人や農民でも聴講できるようになった。江戸というのは、そのような面でもとても面白い時代だ。

「昌平」は孔子が魯《ろ》（中国山東省）の昌平の出身であることにちなむ。

この湯島聖堂は何度も火災にあい、江戸時代の建築物で残っているのは、寛政十一（一七九九）年に十一代将軍家斉《いえなり》が改築した「入徳門」、左右の塀、水屋だけ。

しかし、大正の関東大震災の後、鉄筋コンクリートで再建された「大成殿」などは、もとの基壇、礎石の上に忠実に再現されているから、江戸時代の「最高学府」での勉強ぶりを十分に想像することができる。

敷地跡にいまは、東京医科歯科大学、同付属病院、順天堂病院などが並んでいるのだから、その規模たるや相当なものだったことがわかる。

都心の緑のなかの聖堂は、ひとときの想像を楽しむのに絶好の場所だ。

神田明神

■JR中央線・総武線御茶の水駅下車、神田川の聖《ひじり》橋を渡ってすぐ右手。

◇神田明神(神田神社)

『江戸名所図絵』という素晴らしい本がある(ちくま学芸文庫・本編六巻・別巻二冊、に収録されたのはうれしいことだ)。

江戸神田の町名主《なぬし》、斉藤幸雄・幸孝・幸成の父子三代の手で、三十年を費やして天保七(一八三六)年に刊行された、江戸とその近郊の地誌だ。

江戸後期の風俗や行事や風景を、知的好奇心あふれる文章と、浮世絵師の長谷川雪旦《せったん》・雪提父子の絵で伝えてくれる。

この本に、「神田明神の社《やしろ》」は、「聖堂の北にあり、唯一にして江戸総鎮守《ちんじゅ》と称す。祭神、大己貴命《おおあなむちのみこと》　平親王将門《へいしんのうまさかど》の霊　二座」と記されている。「聖堂」は湯島聖堂のこと。「江戸総鎮守」とは、幕府が神田明神を江戸の総鎮守神として保護してきたことをいう。

絵は、広大な神社の境内《けいだい》の様子や祭礼の盛んな姿をよく伝えていて楽しい。「名所図絵」はまた、「神田明神の旧地」という項で、この神社はもともとここにあったのではないことを伝えている。それについては、次の「将門塚《しょうもん》」で語ろう。

JR中央線・総武線御茶の水駅下車徒歩4分、湯島聖堂のすぐ北側。

将門塚

神田明神について記した「名所図絵」の、「祭神」のくだりで、「将門の霊」というのがちと気になる。

平将門《たいらのまさかど》とは、平安前期、下総《しもうさ》（千葉）を根拠地にした「たより所のない人や世にいれられな

銀行、商社など大企業の本社ビルが建ち並ぶ大手町の一角にある将門塚。

い人に力をかしてやるといわれた」（網野善彦『東と西の語る日本の歴史』講談社学術文庫）武将である。

天慶二（九三九）年、常陸《ひたち》国府を襲い、さらに下《しも》野《つけ》・上野《こうずけ》の国府を占拠して（天慶の乱）、みずから「新皇《しんのう》」と称した。「東国の新国家がはじめて呱々《ここ》の声をあげたことは確実といわなくてはならない」（前掲書）。

「本天皇」（平安中期の作者不詳の軍記物語『将門記』の記述）からすれば完全な「朝敵」であり賊軍である。

しかし「新皇」は翌年二月戦死。「東国国家」はわずか三カ月で消えた。

京都にさらされた首はやがて、いまの大手町一丁目の三井物産ビルのあたりに埋葬されたと伝えられている。

この将門の死については、首が自分の遺骸を求めて京都から東国まで飛んでいった、というような奇談が東日本各地の民衆の間で語られきた。その由来の地があちこちにあるのは、民衆の間で将門の人気がいかに高かったかを物語っている。その霊の祟《たた》りを恐れてまつったのが、「将門《しょうもん》塚」で、これも「御霊《ごりょう》信仰」の一つ。首をまつったと伝えられる塚は、大手町にいまもある。

もともと神田明神はそこにあったのだ。しかし江戸城の拡張のため、まず駿河台に、次に湯島台の現在の場所に移った。

幕府が「将門塚」を保護したのは、「尊皇思想」が起こるのを防ぐため、という説もあるそうだ。つまり、「朝敵」といわれながら民衆に人気のある「将門」を利用したというわけである。

ところが、明治維新後に新政府は、「将門は朝敵であるから好ましくない」と横ヤリを入れてきた。このため神社は、仕方なしに、将門のご神体をほかの社に移した。

いまでは、将門のご神体は無事に神田明神に戻っている。

地下鉄大手町駅で下車、三井物産ビルが目標。

◇菊坂あたり

一九九八年四月、久米宏さんが司会を務めるテレビ朝日系報道番組ニュースステーション（いまはなくなったが）の「夜のさくら旅」という番組にわたしは出演した。

名のある桜を、夜の実況生中継で伝える番組で、わたしは「案内役」として、桜の花の下から若干のコメントを語った。

その二回目に、山梨県塩山《えんざん》市にある慈雲寺の樹齢三百五十年の枝垂《しだ》れ桜を紹介した。この寺は、明治の女流作家、樋口一葉の両親が結ばれた場所としても有名である。寺に勉強に来て知り合った二人は、やがて家出をして東京に出た。

雨にぬれた満開の桜の花を見上げながら、わたしは、やがて一葉の両親となる二人が、巨大な傘のように広がったこの枝垂れ桜の下を歩む姿を想像してみたりした。

一葉の作品『ゆく雲』（『大つごもり　十三夜　他五篇』岩波文庫、に収録）には、両親の故郷が、こう記されている。

菊坂一葉旧宅跡。樋口一葉の旧宅があった路地裏。足を一歩踏み入れた途端、明治時代の路地に迷い込んだ気分になる。

「我が養家は大藤村の中萩原とて、見わたす限りは天目山、大菩薩峠の山々峯々垣をつくりて、西南にそびゆる白妙の富士の嶺は、をしみて面かげを示めさねども冬の雪おろしは遠慮なく身をきる寒さ……」

明治五（一八七二）年に一葉が生まれたのは、いまの日比谷シティーの場所。東京府に勤めていた父親の官舎がそこにあった。

父が退職したあと文京区に移り、さらに、明治二十三年から二十六年にかけては本郷の菊坂に住んだ。事業に失敗した父が死んだあとは、母とともに裁縫や洗い張りで生計をたてる貧窮の生活を送った。

さらに浅草に移ったが、一葉が懸命に生きた当時の雰囲気をいまに伝えるのは、やはり菊坂である。菊坂あたりについては、一葉の名作の、前田愛さんによる「解説」（前掲岩波文庫）が素晴らしい。

「菊坂界隈には今でも明治の町のたたずまいを偲ばせる路地裏がいくつか残っているが、旧真砂町から菊坂にくだる鐙坂に、この旧居跡から鍵の手に接続する路地もそのひとつだ。この路地に一歩踏みこめば、両側から迫り出している二階の屋根の稜線に切り裂かれた細く長い空が仰がれる。それに燻んではいるが、浮きだした木目が繊細な模様と陰影を織りだしている格子窓や板羽目。乏しい光をいっぱいに吸いこんで鮮烈な色彩の花々を咲かせている軒下の鉢物。路地の一隅には手押しポンプで汲みあげる古風な井戸があり、突き当りには急勾配の石段が崖下に切りだされたもうひとつの路地に接している（以下略）」

このあたりをそぞろ歩けば、想像力豊かな人ならば、一葉がひょっこり姿を現しそうな錯覚にとらわれるに違いない。ただし、今そこで暮らしている住民のみなさんの迷惑にならないよう、くれぐれもご注意を。

ちなみに「菊坂」という地名の由来は、昔このあたりは一面の菊畑だったから。


地下鉄三田線白山駅下車。

◇上野の森

先に紹介した『江戸名所図絵』を開くと、「上野の山」の神社仏閣と森の広大なこと、目を見張るばかり。

文章と絵図もたっぷりあって、いかに江戸の人たちにとって大切な名所であったかがよくわかる。

「そもそも当山は江戸第一の桜花の名勝にして、一山花にあらずといふところなし。いにしへ台《たい》命《めい》によりて、和州吉野山の地勢を模し植ゑさせらるるがゆゑに、花に速きあり遅きありて、山上・山下盛りをわかてり。弥生の花盛りには、都鄙《とひ》の老若貴となく賤となく、日ごとに袖を連ねてここに群遊し、花のために尺寸の地を争ふて、帷幕《いばく》を張り、筵席《えんせき》を設く。詩歌・管弦は鶯声《おうせい》に和し……」

という一節を読んでも、そのことがわかるだろう。いまのあのお花見の騒ぎは、江戸以来の伝統であることもわかる。

上野公園の産みの親、ボードワン博士像。

いまもしも上野公園がなかったとしたら、東京ももっともっと風情《ふぜい》の乏しい、むさ苦しい大都会になり果てていたことだろう。

江戸の人たちよありがとう、といいたいくらい。「ありがとう」なら、「上野公園の産みの親」であるオランダ人医師ボードワン（一八二二―一八八五）を忘れてはならない。

この人は文久二（一八六二）年、長崎に来て医術を指導し、さらに明治政府の要請で再び来日して医学校の創設などに協力した。

政府は上野の山に、東京大学医学部の前身となる医学校の付属病院を建てることを決めた。徳川幕府ゆかりの「上野の山」に、新政府はちと冷たかったのかも知れない。

ボードワンはこれを聞くと、反対して、東京に大きな公園がなかったら、首都としての資格がない、市民の憩いの場を造るべきだ、と提言した。

かくして明治六（一八七三）年、上野公園が誕生することになった。ボードワン博士の胸像は、噴水と美術館の間の木立のなかにある。

「上野の山」は、ゆっくりと歩けば見所がいくらもある素晴らしい公園だ。その存在をわたしたちは、もっともっと大切にしたいと思う。

沢山あるもののなかから、一つだけ挙げるならば、清水観音堂はどうだろう。寛永八（一六三一）年に建てられた、上野で一番古いお堂である。「名所図絵」の絵も、そのにぎわいを伝えて、芭蕉の高弟、宝井其角《きかく》の、「鐘かけてしかもさかりの桜かな」の句を紹介している。

◇東京音楽学校奏楽堂

カラオケはまあ得意（！）な方だけれど、土井晩翠作詞・滝廉太郎作曲の『荒城の月』となると、もういけない。声が出ない。あれは難しい。

それと、この歌を耳にするたびに、台湾の飛行機事故で亡くなった作家、向田邦子さんの作品

旧東京音楽学校の奏楽堂。パイプオルガンの荘厳な響きは今も健在だ。手前は滝廉太郎像。

『眠る盃』（講談社文庫）を連想してしまう。

彼女はこの歌をなるべく人前では歌わないことにしている、と記す。必ず一カ所間違えるところがある、からだという。

「春高楼の　花の宴」

ここまではいいのだが、あとがいけない。

「眠る盃《さかずき》　かげさして」

と歌ってしまう。

いかにも向田さんらしい、ほのかなユーモアと悲哀に満ちた文章である。

奏楽堂は、明治二十三（一八九〇）年、東京音楽学校の本館として建てられた。昭和の終わり近くに老朽化のため、解体寸前までいったが、保存運動が実って、旧美術館跡地に移築され再建された。国重要文化財。

明治三十二年、二十歳の若さで、この学校の先

東京国立博物館。本館、表慶館、東洋館、法隆寺宝物館などていねいに見て歩くと時のたつのを忘れてしまう。写真は、大阪金剛寺の増長天立像。

生になり、多くの名曲を作曲した滝廉太郎の像がある。

◇博物館・美術館

※東京国立博物館

本館も素晴らしいいし、表慶館の考古学発掘品もいい。その裏手にある法隆寺宝物館はすごい。東洋館も見応《ごた》えがある。本館で特別展があるときだけ行ったのではもったいない。

どこも、空いていて、静かに楽しめるのは「文化国家」の皮肉である。

宝物館裏の旧十輪院《じゆうりんいん》宝蔵は、明治十五（一八八二）年に奈良の元興寺《がんごうじ》別院十輪院から移築した

国立科学博物館。太古の恐竜から最先端の航空宇宙開発まで、科学のおもしろさを堪能できる。

もの。鎌倉時代の校倉《あぜくら》造りで、国の重要文化財。
東京にいて、奈良、京都が楽しめるのが、ここ国立博物館なのである。
※国立科学博物館
わたしも子どものころ、よく通った。メキシコのミイラは怖かった。道具の歴史も素晴らしい。
※国立西洋美術館
実業家、松方幸次郎（一八六五―一九五〇）がヨーロッパで収集した「松方コレクション」を中心に昭和三十四（一九五九）年に開館したのがはじまり。ロダンの「地獄の門」「考える人」「カレーの市民」もすごい。
※東京都美術館
残念ながら消えてしまったけれど、大正十一（一九二二）年に建造された、石の大階段と石の列柱が懐かしい。子どものころ、よく来たものだった。いまの建物は昭和五十（一九七五）年に造られた。
※上野動物園
江戸時代は藤堂《とうどう》家の下屋敷があった。藤堂高虎は戦国末期の代表的武将だった。築城術にも優れていた。豊臣秀吉の部下だったが、秀吉の没後は家康に仕え、信頼を得た。第一代藩主として津藩の基礎をつくった。

国立西洋美術館。オーギュスト・ロダン作「考える人」。

動物園の正門を入って突き当たりのところに、藤堂家の墓所がある。

動物園は、明治六（一八七三）年、ウィーン万国博覧会出品のための動物陳列所を設けたあと、同十五年に開園した。

太平洋戦争が激しくなった昭和十八（一九四三）年、食糧難と、空襲を受けて猛獣たちが暴れるのを警戒して、職員たちが一生懸命に世話をしてきたライオン、象など二十五頭を薬殺した。

動物園にも、さまざまな歴史あり、なのである。

🚃ＪＲ上野駅・鶯谷駅、京成上野駅のいずれもよし。

上野動物園で亡くなった動物たちの慰霊碑。戦時中は、薬殺された猛獣や、エサ不足で餓死した動物も数多くいた。

◇小石川植物園

一九九八（平成十）年九月、映画監督、黒沢明さんが死去した。世界中の映画人やファンは、こころの底からその死を惜しんで、哀悼の意を表した。

黒沢さんの作品の一つに、『赤ひげ』がある。白黒スタンダード版の、とても力強い、いい作品だ。主演は、これも同じ年に世を去った三船敏郎さん。

江戸の町医師、小川笙船《しょうせん》がモデル。将軍の吉宗は享保七（一七二二）年、この医師の意見によって小石川御薬園の地内に、貧民救済のための施

自然林のようにうっそうと生い茂る樹木、小石川植物園は都会のオアシスだ。

設である小石川養生所《こいしかわようじょうしょ》（施薬院《せやくいん》）を開設した。

貧困の病人、看護人のない独身者などは、名《な》主《ぬし》の許しを得て願い出れば、一切の費用を支給してもらうことができた。

笙船は、ひげが赤みを帯びていたために、「赤ひげ」と呼ばれて親しまれた。映画の三船さんは、仁と正義の人「赤ひげ」を地でゆく好演だった。何人ものナラズ者をアッという間に退治する場面は痛快だった。

養生所が設けられた小石川御薬園は、もともとは品川にあった薬園が移転したもの。敷地は、五代将軍、綱吉の下屋敷「白山《はくさん》御殿」のあった場所だった。吉宗の時代に、御殿のすべての敷地を薬草園にした。

維新後に養生所は廃止されたが、薬草園は植物園として存続して今日に至る。養生所の専用

小石川植物園。青木昆陽のサツマイモ研究の記念碑。現在は東大理学部の植物実験場となっている。

井戸はいまも残る。

江戸中期の儒学者・蘭学者である青木昆陽《こんよう》（一六九八―一七六九）の進言で、幕府は、飢《き》饉《きん》のときの食糧としてサツマイモの栽培を奨励し、この薬園で品種改良に努めた。

太平洋戦争の末期から敗戦後しばらくは、食糧が極度に不足したため、わたしたちはコメのご飯には滅多なことではお目にかかれなかった。毎日、朝から晩まで主食は配給のサツマイモばかりだった。

いまの人にすれば、サツマイモは美容にもいい「健康食」ということになるけれど、そのころ食べざかりだったわたしにとっては、それは貴重な命の源だった。

江戸の薬草園は、「昭和の子ども」の命もすくったことになる。

渋谷駅からわずか２㎞、井の頭線の車窓から見えるケンネル田んぼ。収穫の季節には泥だらけになって稲刈りをする中学生たちの姿が見える。

井戸の近くに、「甘藷《かんしょ》試作の地」の記念碑があるのをはじめ、わたしたちはここでも歴史に触れることができる。

地下鉄丸ノ内線茗荷谷駅下車徒歩10分、同三田線白山駅下車徒歩8分。

ケンネル田んぼ

京王井《い》の頭《かしら》線の駒場《こまば》東大前駅のすぐ近くに「駒場野公園」がある。

『江戸名所図絵』にこうある。「駒場野道玄坂より乾《いぬい》（北西）の方、十四、五町ばかりを隔てたり。代々木野に続きたる広原にして、上目黒村に属す。雲雀・鶉・野雉・兎の類多く、御遊猟の地なり」

将軍家の狩猟場だったこの原野に、明治時代に、駒場農学校が開設されて、農業の近代化に励んだ。

この学校で、多数の日本人学者を養成したドイツの農芸化学者ケンネル（一八五一―一九一二）が、土壌、肥料の研究をおこなった水田がいまも残っている。

農学発祥の地「ケンネル田んぼ」で、田植えと稲刈りの季節には、ここを管理している筑波《つくば》大付属駒場中・高校の生徒たちの元気な声が響く。

ここから井の頭線の踏切を渡れば東大教養学部があり、左手に少し歩けば日本民芸館や駒場公園がある。

◇日本民芸館

大谷石《おおやいし》を使った蔵造りの美しい建物が印象的である。

ここにあるのは、鑑賞のためのいわゆる美術品ではない。人びとが毎日の暮らしに使うために

朝鮮の白磁や青磁、琉球の染織物など各地の民芸品の美しさにふれられる。

作った日常品ばかりである。

それなのに、焼き物や織物のこの美しさはどうか。自らを飾りたてて、美しく見せようとするものにはない、この美しさは何か。

日本のものも素晴らしいが、「朝鮮」のものはさらに素晴らしい。

柳宗悦《やなぎむねよし》（一八八九―一九六一）とその同志の人たちの、熱心な収集や研究がもとになって、昭和十一（一九三六）年に開館した。初代館長は柳宗悦。

明治四十三（一九一〇）年八月、日本は朝鮮を完全に併合して植民地にした。

九年後の一九一九（大正八）年三月一日、朝鮮で「独立万歳」の声とともにデモが起きた。独立運動が全国に広がると、日本政府は軍を出動させて弾圧した。死者七千五百人、負傷者一万六千人、検束者四万七千人（角川・日本史辞典）。

日本民芸館は、大谷石の外観も美しいが、建物内部も素晴らしい。

「当時の日本人に与えた影響はそれほど大きいとは言えない。当時の日本の学者、文学者、宗教家に、この事件について書いた人は多くはない。柳宗悦は、この事件に心をうばわれた」（鶴見俊輔『柳宗悦』平凡社ライブラリー）

その五月、柳は『読売新聞』に「朝鮮人を想ふ」を発表した。朝鮮の人びととその美に対する愛と日本政府に対する批判だ。当時としては、まことに大胆、勇敢な行為だった。次の「朝鮮の友に贈る書」は雑誌『改造』に載ったが、検閲でズタズタに削除された。

大正十二（一九二二）年、柳は、『朝鮮とその芸術』の「序」に書いた。

「軍国主義を早く放棄しよう。弱者を虐げる事は日本の名誉にならぬ。彼等の精神を尊び肉体を保證《ほしょう》する事が友誼であると深く覚れよ（中略）自らの自由を尊重すると共に他人の自由をも尊重しよう。若しも此人倫を踏みつけるなら世界は日本の敵となるだらう。そうなるなら亡びるのは朝鮮でなくして日本ではないか（後略）」

この人は、沖縄の社会と文化にも深い関心を持ち、戦争の始まる前の年の昭和十五（一九四〇）年には、県知事や警察部長の方針である「沖縄方言撲滅論」を公然と批判した。このため当局は柳を危険思想を持つ者とみなし、ほかのいいがかりをつけて拘引《こういん》し、裁判所で尋問した（前掲書）。

民芸館で、朝鮮や沖縄の民芸品の静かな美しさを楽しみながら、歴史を想うひとときを持ちたい。

京王井の頭線駒場東大前駅下車、ケンネル田んぼは徒歩3分、日本民芸館は徒歩5分。

芦花公園

明治・大正期の小説家、徳富蘆花《とくとみろか》（一八六八―一九二七）の屋敷、庭園を整備して、昭和十三

徳富蘆花が晴耕雨読の生活をおくっていた旧宅。書斎も公開されている。

（一九三八）年、公園として公開された。

蘆花は日露戦争が終わった次の年、明治三九（一九〇六）年、エルサレムに行き、その帰途、ロシアのヤスナヤ・ポリヤナに文豪トルストイを訪れた。

このときに受けた暗示によって、「自然に還る」ための暮らしをはじめたのが、この土地であった。

「農は神の直参《じきさん》である。自然の懐《ふところ》に、自然の支配下に、自然を賛《たす》けて働く彼等は人間化した自然である。（中略）彼等は神の直轄の下に住む天領の民である」（『みみずのたはこと』岩波文庫）

と記して、ここで「田園生活」を送った蘆花の思想と行動は、さまざまな面で揺れ動きつづけた。

菜食主義は、「まったく子供じみたトルストイ模倣の一つ」（中野好夫集『蘆花徳富健次郎』第二部）だったが、長くはつづかなかった。

「百姓生活」にしても、村の人を頼んでの「代耕」

旧宅に隣接する史料室では、トルストイからの手紙などが展示されている。

で、自らいささか自嘲的に「美的百姓」と表現するほどだった。

正直いって、「偉大」すぎて、不勉強のわたしにはよくわからない人であるけれど、うっそうと茂る木立のなかに残る古色に包まれた屋敷をめぐりながら、明治・大正・昭和を生きた大人物に思いをはせるのも楽しい。

🚌京王線芦花公園駅、または八幡山駅下車で徒歩13分。

Ⅳ ここから「戦争」が見える

米軍機の機銃掃射による弾痕の跡が生々しく残る東大和市の旧日立航空機変電所。地域市民の運動がみのり、1995年10月、文化財に指定され、東大和南公園に保存展示されている。1999年春現在、文化財に指定されている戦争遺跡は全国7カ所。

レンガ造りの近衛師団司令部庁舎。現在は東京国立近代美術館工芸館。

◈東京国立近代美術館工芸館

レンガ造りの建物はまことに美しく、印象的である。浜田庄司、富本憲吉の作品をはじめ優れた工芸品の数々は素晴らしい。

関東大震災や太平洋戦争の空襲にも生き残って、ほぼ昔のままの姿をとどめているゴシック風のこの建物は、明治四十三（一九一〇）年、陸軍技師、田村鎮の設計で建造された、近衛《このえ》師団司令部の庁舎であった。

「近衛師団」とは、天皇の護衛・儀杖《ぎじょう》（儀式）の任務を持つ陸軍の師団のこと。はじめは一般の師団より給与が高かった。

もともと近衛兵の兵舎は明治七（一八七四）年、北の丸に設けられた。竹橋《たけばし》門内（いまの毎日新聞社前にある現・竹橋より南にあった）に正門があったため「竹橋営所」と呼ばれた。

同十一年八月、近衛砲兵大隊の兵卒が蜂起して隊長を殺し、参議兼大蔵卿（いまでいう大蔵大臣）の大隈重信《おおくましげのぶ》邸に発砲し、近衛歩兵連隊に決起を呼びかけ、さらに赤坂の仮皇居に向かったが、鎮圧された。これが、いわゆる「竹橋事件」だ。

蜂起の理由は、給料の減額、西南戦争の論功行賞の遅れに対する不満だったらしい。後の研究では、自由民権運動の影響なども挙げられている。

明治維新で創設されたばかりの新しい軍隊による反乱は、新政府に衝撃を与えた。五十三人を死刑に処するとともに、「軍人訓戒」を発して軍律を強化した。

忠実・勇敢・服従こそ軍人精神の基本であることを、陸軍卿、山県有朋《やまがたありとも》の名で訓戒する内容だった。

これにつづいて同十五年には、明治天皇によって「軍人勅諭」が公布された。軍人としての心構えを述べ、天皇への絶対的服従を強調した。軍人はこれを暗記しなければならなかった。

勅諭は、太平洋戦争に敗れるまで、軍人にとって絶対的な存在でありつづけた。

「竹橋事件」がここで起きたわけではないけれど、典型的な明治洋風建築であるレンガ造りの建物は、いろいろな歴史を物語ってくれるのである。

北白川宮能久親王の軍服乗馬像。日清戦争後の台湾出兵で病没したとされる。

一時は取り壊されそうになったが、危ういところで保存され、国の重要文化財になっている。建物も内容も実に素晴らしい。

歩いてすぐの国立近代美術館には、その日のうちなら同じ共通切符で入れるので、ぜひ行ってもらいたい。

地下鉄東西線竹橋駅下車徒歩8分。

北白川宮能久親王乗馬像

工芸館、すなわち旧近衛師団司令部庁舎の横に建っている銅像は、北白川宮《きたしらかわのみや》能久親王《よしひさしんのう》の軍服姿だ。

日清戦争で近衛師団長として出征し、その後、日本の植民地化に対する台湾人の武力抵抗を制圧する軍の指揮にあたり、台湾で病没した。

日清戦争に勝った日本は、講和前に台湾に兵を上陸させ、遼東《りょうとう》半島とあわせて、台湾・澎湖《ほうこ》諸島の割譲を清国に要求した。

しかし台湾に住む人びとにとっては、何の相談もない取り引きだった。激しい武力抵抗が起きた。そのなかで一八九五年、「台湾民主国」の樹立も宣言されたが、日本軍に武力制圧された。条約上は割譲されたものの、支配下に置くため日本は軍政を敷き、次いで民政としたが、総督府総督は陸海軍の大・中将からとることとした。桂太郎、乃木希典《のぎまれすけ》、児玉源太郎らが任命された。

武力制圧のときの日本軍は、戦死百六十四人、病死四千六百余人で、親王もその一人だった。遼東半島は、ロシアなどによる、いわゆる「三国干渉」によって、結局は返還したが、台湾は以来、太平洋戦争で日本が敗れるまで五十年間、「日本領」であった。年配の人びとがりゅうちょうな日本語をしゃべるのは、歴史がいまも尾を引いているからだ。

隅田川の河口にかかる勝どき橋。写真の左すみの方に築地市場がある。

◇勝どき橋

ふだんなんでもなく通りすぎている場所にも、戦争の歴史の影が尾を引いているいい例の一つは、「勝《かち》どき橋」だろう。

「勝鬨《かちどき》」とは、勝ったときにあげる、喜びの叫び声、のこと。

明治三十八（一九〇五）年一月、日露戦争の旅順《りょじゅん》陥落を記念して、京橋区の有志たちが渡し船の施設を作り、「かちどきの渡し」と命名して東京市に寄付した。当時の人びとの喜びようがわかるような名前だ。

いまのあの橋は、昭和八（一九三三）年、東京港修築工事の一部として着工して同十五年に竣工した。

全長二四六メートル。中央部分それぞれ二十二メートルずつが、電動式でゆっくり跳ね上がる「跳ね橋」で、三千トン級の船が通れる仕掛けだった。

一日五回、二十分ずつ開いていた。都電がこの上を通っていた時代もある。戦後間もなくから昭和四十三年ごろまでのことだった。橋の中央部がゆっくりと下り切るのを、電車のなかで見ていた記憶がある。現在は開閉していない。

名前というものは、地名にしても橋の名前にしても、とても重要だ。名前が歴史を語っているのだから。


🚌地下鉄大江戸線かちどき駅からすぐ。またはJR新橋駅前から、築地中央市場、朝日新聞、国立がんセンターを循環するバスに乗って市場前で降りて、早朝から昼すぎまで大勢の客でにぎわう場外市場をぶらついて、ちょっと足を延ばして橋まで行き、しばし川風に吹かれるのも楽しい。地下鉄日比谷線築地駅・東銀座駅からでもいい。

都心で一番標高の高い箱根山、二番目が市ヶ谷台。どちらも陸軍用地だった。

◆都営住宅戸山ハイツ団地

ざっと三百年前、寛文から元禄にかけて二十七年をかけて完成した尾張《おわり》侯の下《しも》屋敷のあった場所だ。

庭園が素晴らしく、水戸の偕楽園にも比べられるほどだったらしい。いまは、都立戸山公園となっているほぼ真ん中あたりに、「箱根山」と呼ばれる丘がいまもある。その庭園時代の名残だという。標高四十四・六メートルだから、都心では最も標高の高い場所ということになる。

この辺り一帯、明治になってから陸軍の用地になり、陸軍戸山学校、陸軍幼年学校などが設けられた。戦後の団地の「草分け」的存在で、いまはとてもステキな住宅地になっている場所も、かつては軍人教育の「拠点」であった時代もあるわけだ。

JR山手線新大久保駅下車徒歩12分。

◇靖国神社・遊就館

本殿に向かって右手にある、靖国神社の博物館を「遊就館《ゆうしゅうかん》」という。明治以来の戦争に使われた、武器や軍服、戦死者たちの遺書など、数多くの資料が展示されている。

二〇〇二年、全面的に改装され、新館も増設されたが、あの太平洋戦争が昭和十六（一九四一）年十二月八日にはじまって間もなくのころ、ここを見学したわたしのこころに刻みつけられているのは、旧館の姿である。

「軍国少年」だったわたしは、ラジオの「大本営発表」に、思わず「バンザイ」を叫んだものだった。「大本営」とは戦争の最高指導部で、日々の戦闘の結果は、すべてここから発表された。

海軍の特攻兵器「回天」。「人間魚雷」と呼ばれた。

もちろん、言論の自由などというものは、ゼロだった。大本営から発表されるものが、唯一の情報だった。ラジオの戦争ニュースは軍人がしゃべっていた。新聞も大本営発表をそのまま載せていた。「皇軍またも大戦果」の大きな文字が新聞に毎日、躍《おど》っていた。

敗戦になってから国民ははじめて知ったのだけれど、次第に負けがこんで苦戦になってくると、発表の多くはウソになっていったのである。

たとえば、戦争が始まって七カ月たったころあった「ミッドウェー海戦」の「大本営発表」は、「敵根拠地ミッドウェーに対し猛烈なる強襲を敢行すると共に、同方面に増援中の米国艦隊を捕捉猛攻を加へ敵海上及航空兵力並に重要軍事施設に甚大なる損害を与へたり」という内容だった。

日本軍の挙げた戦果は、「米空母二隻撃沈」「撃墜せる飛行機約百二十機」に対して、日本軍の損害は、「航空母艦一隻喪失、同一隻大破、巡洋艦一隻大破」「未帰還機三十五機」だった。

朝日新聞は「太平洋の戦局此一戦に決す」と解説して、日本の勝利をうたった。ところが実際は、「戦局」は日本がダメな方向に決してしまったのだった。

本当は、日本は、航空母艦四隻を失い、飛行機は三百二十二機を失う（児島襄『太平洋戦争』上、中公新書、など）大敗北だった。このあと日本は、敗戦への道をひたすら歩むことになった。

「軍国少年」のわたしは、そんなことを知るよしもなく、ただ「大勝利」を喜び、学校の図画の時間には、「山本五十六《いそろく》・連合艦隊司令長官の勇姿」を描いていた。

「軍国少年」ではあったけれど、遊就館のなかを一人で歩くのは怖かった。弾丸の跡のなまなましい戦死者たちの着衣などが、薄暗く静まりかえった館内に並んでいたからである。いま思えばそこは、文字通りの遺品館という雰囲気だった。飾りひとつない神社のような、素朴な、寡黙《かもく》な厳粛さに、幼いわたしはこころうたれていたのかもしれない。

二〇〇二年に全面的に改装されたいまは、ピカピカに明るくなった。資料は、スマートに、近代的に展示されて、雄弁に「靖国神社史観」を語りかけてくる。

遊就館と、新宿の都庁近くにある新宿住友ビル31階の「平和祈念展示資料館」を歩きながら、わたしは大いに考え、自問自答の論争をしている。

零式艦上戦闘機、通称「ゼロ戦」。太平洋戦争開戦直前に開発された。

展示資料を、日本の進むべき方向、自分自身の生き方にからめて、どう読むかという問題。あのような無茶な太平洋戦争に協力してしまった、新聞をはじめとする言論の無力さや本質を、元「軍国少年」、元・新聞記者として、いまなお問いなおしつづけなければならないという問題。人それぞれ、自由に、自立に努めながら、考えるべきことはたくさんあるはずだ。

遊就館（電話03・3261・8326）

※満州事変

日露戦争のあと、日本は満州で手に入れた利益の拡大を図ってきた。一方、中国では、そうした外国勢力に抵抗する民族運動が高まって、日本との間に紛争が続発した。

満州駐在の日本軍である「関東軍」（日本が中国から無理やりに「借りて」いた遼東《りょうとう》半島の地域を

東京駅構内の浜口雄幸首相が狙撃された現場。中央コンコースにある。

「関東州」といい、ここの守備隊を「関東軍」と呼んでいた）は、この民族運動を敵視して、勝手に謀略を重ね、満州の占領を計画した。

昭和六（一九三一）年、関東軍は中国軍を攻撃した。このころの軍は、テロによるクーデターを共同謀議している軍人を、軍法会議にかけるどころか、なだめながら説得し、酒食でもてなしたりするほど堕落していたという。

「日本陸軍は、それほど無法者集団化の兆《きざし》を示していた」（猪木正道『軍国日本の興亡　日清戦争から日中戦争へ』中公新書）

すでにテロの恐怖が日本社会を覆うようになっていた。昭和五（一九三〇）年十一月、浜口雄幸《おさち》首相が東京駅のホームで狙撃されて重傷を負い、しばらくして死去した。

翌年三月、十月には一部の陸軍将校によるクーデター計画が未遂に終わった。

こうした空気の下で、関東軍は勝手に戦闘地域を広げ、政府はこれをひたすら追認する状態になっていった。

昭和七年三月、関東軍は「満州国」を発足させた。「こうして関東軍の謀略によって、一二〇万平方キロメートルの国土を有する、人口三四〇〇万人のかいらい国家が誕生した。注目されるのは、満州事変の軍事行動がはなばなしく展開されるにともない、多くのマス・メディアの論調は、戦時には権力者を支持するという原則に従って、関東軍を英雄視し、多数国民も関東軍の決起を支持しはじめたことである」（前掲書）。

同年五月十五日、海軍青年将校と陸軍士官学校生徒らが首相官邸、警視庁などを襲い、犬養《いぬかい》毅《つよし》首相を射殺した。いわゆる「5・15事件」だ。

目的は、政府首脳、財界人たちを脅し、首都を混乱させて、軍の武力を用いて一挙に国家改造を実現することだった。

計画は失敗したが、政党政治は終わりを告げ、軍部の発言権は増大し、国民もまた急進的な国家改造運動に共感を寄せたために、軍国ファシズムへの道を開くことになった。

この「満州国建国」が国際連盟で厳しく批判されると、日本は昭和八（一九三三）年、国際連盟を脱退した。

小金井公園の江戸東京たてもの園に移築保存されている高橋是清邸。

　さらに昭和十一（一九三六）年二月二十六日、陸軍の青年将校が千四百余人の兵を率いて「挙兵」した。

　内大臣・斎藤実《まこと》、蔵相・高橋是清《これきよ》たちを殺害し、国会、首相官邸などのある永田町一帯を占拠して、「国家改造」を要求した。

「天皇の兵」を勝手に動かした「反逆」である。天皇は激怒した。しかし、軍の首脳たちの反応はいたって鈍かったし、それほどの責任も感じていないようだった。

　陸軍大臣もはじめは事件の首謀者たちに理解を示していた。天皇に「反乱軍をすみやかに鎮圧するように」といいわたされて慌てたほどだったらしい。

「挙兵」は鎮圧されたが、陸軍の首脳は、天皇に背《そむ》いたこの「2・26事件」を大いに「利用」

高橋是清邸跡地は、青山通りに面して緑多い公園となっている。何も語らぬ銅像が行き交う人々を見つめ続けている。

して、陸軍が一体になって政策を遂行してゆく体制を固めた。日本はこの事件以後、陸軍の思うがままに動かされるようになり、さらに「軍国化」して、戦争への道を転がり落ちてゆくことになる。

※日中戦争

「日本陸軍の中には、満州に次いで華北をも日本の事実上の領土としようとする膨張主義の熱が冷めなかった。出先の軍が既成事実をつくれば、東京の陸軍省も、参謀本部も、政府そのものも、これを追認する」(前掲書)

昭和十二(一九三七)年七月七日、盧溝橋《ろこうきょう》で日中両軍が衝突した。一度は現地で停戦協定ができたのに、間もなく日本軍は華北で総攻撃を開始した。日中戦争が、ついに始まってしまった。

いずれも軍服姿の明治天皇、大正天皇、昭和天皇の肖像写真（遊就館、改装前）。

はじめは蔣介石《しょうかいせき》に率いられる中国軍との戦争だったが、やがて毛沢東《もうたくとう》に率いられる中国共産党軍が後方ゲリラ戦を展開するようになって、日本軍の苦しみは増すばかり。戦争は長期化、泥沼化していった。

日本国内では、国会は有名無実化（翼賛体制）され、すべてが戦争のために動員されるようになっていった（国民精神総動員運動、国家総動員法など）。

やがて軍は苦しまぎれに、東南アジアの資源獲得などを図るためにインドシナ半島へ進出してゆく。一方で日本・ドイツ・イタリアの軍事同盟、いわゆる「日独伊三国同盟」を結んで、アメリカ・イギリスとの戦争に踏み切った。

※太平洋戦争

昭和十六（一九四一）年、十二月八日（アメリカ時間七日）未明、ハワイの真珠湾（パールハーバー）

に日本海軍航空隊が奇襲攻撃を仕掛けた。

日本軍は、真珠湾攻撃に先立つこと一時間二十分前に、イギリスの植民地だったマレー半島コタバルに上陸作戦を展開していた。

ハワイ攻撃は、日本側にとっては「奇襲」でも、やられたアメリカ側にすれば、「宣戦布告」のない攻撃。「だまし討ちだ」とアメリカの世論は憤激した。

後にこの問題については、宣戦の翻訳が間に合わなかった、という説や、アメリカ政府は攻撃開始を察知していたのに、日本側から戦争を仕掛けたという「舞台」をつくって国民の戦意を高めようとした、そのために情報を握りつぶした、という説などが出た。

真相はともかく、日本軍は論理的に、「勝利」の確信を抱いて戦争を始めたのかといえば、いまの若い人たちには想像もつかないだろうが、そんなものは無いに等しかった。

「必勝の信念」だけはあったらしいけれども、「信念」だけで勝てないのは、サッカーだって野球だって同じ。

「見通し」にしても、南方の拠点と資源を確保して自給自足しながら戦う。ヨーロッパ戦線でドイツが頑張ってくれればイギリスは脱落して、アメリカもやる気を失うだろう。そうなれば、中立国に仲介してもらって、有利に戦争を終結させることができるだろう、という程度。

「これは〝見通し〟などというものではない。相手の事情はあまり考えずに、精一杯自分に有利

金鵄勲章（遊就館）

なように考えだした〝見込み〟にすぎない。そんなあやふやなことで戦争ができるのか」

　といったような意見が閣内にもあった（児島襄『太平洋戦争』上、中公新書、などによる）。

　いまのわたしは、よくいえばベンキョウ、普通にいえばウケウリでこんなことをいっているけれど、もちろん当時はそんなことは知るよしもない。「勝った、勝った、バンザーイ」と叫んでいたのだし、ほとんどの大人もそんなもんだった。「日本人の目玉は黒いから、遠くまで見える。夜の戦闘でも強いのはそのせいだ。しかしアメリカ人の目玉は青いから、遠くまで見えない。この戦争は勝つ」と大人に聞かされて、へえ、とわたしはすっかり感心したりした。向こうにはレーダーというものがあるなんて知らなかった。

　戦況はしばらくの間は威勢よくて、シンガポー

ロケット特攻機「櫻花」。母機に吊るされて目標に接近した。

ルやフィリピンを占領した。しかし、開戦から四カ月後の翌年四月十八日には、航空母艦のアメリカ陸軍機が、東京、名古屋、神戸などを初空襲した。

そして六月のミッドウェー海戦で日本は致命的な敗北を喫し、戦局はもう取り返しのつかない方向へと進み始めた。

それでも、大本営の景気のいい発表を信じてわたしたちは、「バンザイ、バンザイ」を叫びつづけていた。

山本五十六・連合艦隊司令長官が戦死し、その後任もやがて戦死し、本土のわたしたちの暮らしも極度に悪化していった。食べ物も衣料もなにもない。しょっちゅう停電になるし、燃料もない。

日本中が、アメリカの大型爆撃機による空襲の渦に巻き込まれていた。東京、名古屋、大阪などの大都会に焼け野原が広がっていった。大勢の人

東京大空襲・戦災資料センター（2002年開館）の展示。写真の航空機は米軍のB29戦略爆撃機。「超空の要塞」と呼ばれた大型の爆撃機で、高空から焼夷弾の雨を降らせ、東京、大阪をはじめ全国の主要都市を焼き払った。

が焼け死んだ。

家庭の燃料どころか、戦争の必需品であるガソリンもなくなって、戦闘機も飛ばせず、軍艦も動かせなくなっていた。

「行き」の燃料しか持たない戦闘機の「神風特別攻撃隊」（特攻）が組織されて、敵（アメリカのこと）の軍艦などに「体当たり攻撃」をした。もちろん「体当たり」の瞬間、操縦していた人も死ぬのである。

このころの新聞を縮刷版で読むたびに、いまでもわたしは胸が熱くなる。

わたしは毎日、ハダシで学校に行った。弁当箱を開けると、サツマイモが並んでいるだけ。登下校の途中の農家の畑で、トマトやキュウリを「失敬」してかじっては、空腹を癒していた。

ヨーロッパでは、まずイタリアが敗れて独裁者ムッソリーニは民衆に殺され、ドイツもベルリンが陥

平和祈念展示資料館（2000年開館）の展示。ここには戦後の外地からの引き揚げやソ連抑留の苦難の様子が展示されている。写真は旧満州（中国東北）からの引き揚げ船の船内での様子を証言にもとづいて再現したジオラマ。

落してヒトラーは自殺した。日本の「頼みの綱」の同盟国はあっけなく消滅してしまった。

日本は、互いに戦争は仕掛けないという、「不可侵条約」を結んでいたソ連に、戦争を終わらせるための斡旋《あっせん》を頼んだが、拒否された。

それどころか、広島に原爆が投下された二日あとの昭和二十（一九四五）年八月八日、ソ連は日本に宣戦を布告した。日本はすでにメチャクチャに破壊されて、戦争の能力なんか完全に失っていた。

そんなところに一方的に攻めてくるのだから、わたしは子どもごころにも、「ソ連は、きたねえなあ！ヒキョウだなあ！」と感じたことを覚えている。

いまもその気持ちは変わらないけれど、ヨーロッパでアメリカ・イギリスなどの連合軍に加わってドイツと死闘をつづけていたソ連に、「何とか助けてほしい」と頼んで、受け入れてくれると信じていた

品川東海寺にある原爆犠牲者慰霊碑。碑の両側に広島と長崎の被爆石があり、鶴の形になっている。

日本の戦争指導者は、一体どんな精神構造だったのかな、とも考えてしまう。

ソ連は、日本の敵であるアメリカ・イギリスの仲間なのである。つまりソ連も「敵側」なのだ。「助けてくれる」どころか、ソ連の指導者スターリンは、「日本はドイツとともに侵略者だ」と演説しているのである。そのスターリンが助けてくれる、と本気に信じていたのだろうか。

わたしは、このガイドブックでは、私情を抑えて、淡々と「客観的」に案内役を務めるつもりなんだけれど、ひど過ぎることがあると、どうしても、つい腹立たしさや、疑問が口をついて出てしまう。当然ながら、わたしとは違う意見、考え方の人も多いのだ。筆者は口を滑らせたな、とお笑いくださっても結構です。

この戦争で唯一、国内で地上戦の戦場になっ

平和のシンボルとして三鷹市・仙川公園に建立された平和祈念像。長崎の祈念像より小さいが、近所の子どもたちの絶好の遊び場になっている。

た沖縄では、すでに十五万の県民が戦闘に巻き込まれて死んでいた。

広島につづいて、長崎に「新型爆弾」（大本営発表の言葉。もちろん原爆のこと。発表は、「相当の被害、詳細は目下調査中」だった）が落とされた。

防空総本部は、新聞・ラジオを通じて「新型爆弾に勝つ方法」として、軍服程度の衣類を身につけていれば火傷は防げる、屋外の防空壕に入る、ことなどを指示した。

わたしたちは、空襲のたびに、白いパンツや父のボロ白シャツを頭からかぶって、天井のない防空壕に逃げ込んだ。「白いもの」なら「新型爆弾」の「光」を反射するという指示もあったからだ。

ピカッと光ってドンと鳴った瞬間に、大勢の市民たちが、高熱に焼かれて何も残さずに消滅していることなど、そのころのわたしたちには知るよしもなかった。

昭和二十（一九四五）年八月十五日、日本は連合軍に無条件降伏した。日本は「必勝」であったはずの戦争に敗れ去ったのだ。

その日の正午、隣近所の人たちが、わが家の庭に集まってラジオの前に立った。国民は「重大な放送がある」とあらかじめ知らされていたのである。

日本の軍国主義をなくす、連合国が日本を占領する、戦争犯罪人を処罰する、など、連合軍側が出した条件（ポツダム宣言）を受け入れると、天皇自らが国民に告げる「玉音放送《ぎょくおん》」（「玉音」とは天皇の声のこと）があったのである。

ラジオは雑音がひどかったけれど、みんな一生懸命に聞き耳を立てていた。なんだかよくわからなかったけれど、戦争が終わったことだけはわかった。

その晩から、空襲を恐れずに電灯もおおっぴらにつけられるようになったけれど、停電ばかり。小さな石油ランプの灯のもとで、サツマイモだけで米の入っていない雑炊《ぞうすい》をすすった。

満州事変から太平洋戦争が終わるまでをひっくるめて「十五年戦争」といういい方がある。このうち太平洋戦争の日本の死者は、三百十万人だった。

千鳥ヶ淵戦没者墓苑。氏名が不明、遺族が不明などの無名戦死者の遺骨九万数千柱が納められている。

◈千鳥ヶ淵戦没者墓苑

皇居の緑と旧江戸城の白壁、それを取り囲むお堀の美しさは、世界の首都でも指折りのもの。

これがない東京を想像するとゾッとする。太平洋戦争に敗れて間もないころ、つい先日まで「神国・日本」を叫んでいた人をもふくめて、だれもが「民主主義」を叫んだ。そんなニワカ民主主義の風潮のなかで、「皇居なんて東京の真ん中の交通の邪魔者だ。つぶして道路にせよ」なんぞという、時局《じきよく》便乗の乱暴な主張を叫ぶ輩まで現れた。

戦争中に飛び交った「一億一心」というスロ

千鳥ヶ淵戦没者墓苑の厚生省による軍人軍属戦没者の数字。

ーガンの全体主義的心情が、ただ裏返しになっただけだったのかも知れない。占領軍を迎えて、便乗と迎合の動きが広がることは、このあと、「マッカーサー」の項で考えよう。

日比谷交差点から桜田門の警視庁前を過ぎて半蔵門に至り、半蔵濠に沿った千鳥ヶ淵公園をぶらぶら歩いて行くと、やがて英国大使館前に出る。お堀はここでいったん途切れて、交差点をそのまま真っ直ぐ渡ると、お堀が「千鳥」の羽のように屈折した「千鳥ヶ淵」のほとりに出る。

その桜の木の並木の下をくぐるようにしてしばらく行くと、靖国神社にぶつかる。

日比谷からここまで、のんびり歩いて三十分ぐらい。とても素敵な散歩道である。ことに桜の季節は、半蔵門から先、歩みはすべて桜の花の下にある。

千鳥ヶ淵公園でわたしは、テレビの突撃レポーターの草分けである梨元勝さんたち友人と、盛大なお花見の宴を張ったこともある。新橋の縄のれん「なかた」のおかみさん心尽くしのトン汁が、春寒の夜にぴったりだったのを思い出す。

ただし、世の中、「花見だわっしょい」の騒ぎになっても、桜に対して屈折した思いを抱いている人もいる。あの戦争中に、「桜のように潔く散れ」といわれて、大勢の兵士が戦場で散っていった歴史をいまも忘れられない人びとも多いはずだ。

千鳥ヶ淵に出て、そのままお掘り沿いに右に回って行くと、そこが「戦没者墓苑」だ。国の無名戦死の墓で、もちろん無宗教。

六角堂の地下に、太平洋戦争の戦場から集められた遺骨約九万数千体が納められているのである。昭和三十四（一九五九）年に竣工した。

地下鉄半蔵門線半蔵門駅・九段下駅下車徒歩10分、同有楽町線桜田門駅からは少し歩く。

関東大震災と空襲による戦災犠牲者の遺骨が東京都慰霊堂に納められている。

◈東京都慰霊堂

ＪＲ総武本線、地下鉄大江戸線の両国駅の周辺は、江戸東京博物館、国技館の相撲博物館をはじめ、江戸を想うにふさわしい旧跡が多い。

都の慰霊堂のある場所は、もとは幕府の御蔵屋敷だったのが維新後に陸軍省の用地になり、陸軍被服本廠《ひふくほんしょう》が置かれていた。

大正十二（一九二三）年九月一日、関東大震災が起きたとき、空き地になっていたために、家財道具を持った人びとが殺到して、約四万人が焼死した。

わたしの母も火に追われて、この場所に逃げ

東京都慰霊堂。被服廠跡での震災犠牲者約４万人の遺体は、十数日かかって露天火葬され、遺骨は山と積み上げられていたという。

てきたが、すでに人で一杯で入れなかったため、上野の山に避難して助かった。もしも母が被服本廠にいたら、いまのわたしはいないことになったかも知れない。

震災後、各所の遺骨も集めて仮納骨堂を建て、昭和五（一九三〇）年、いまの建物を建設した。

翌年、被災者の遺品、写真などを陳列する復興記念館もできた。

その関東大震災から七十二年後の一九九五年一月、阪神・淡路大地震が起きた。六千人近い死者を出した震災に、わたしはあらためて関東大震災を想起した。「天災は忘れたころにやって来る」し「忘れてなくてもやって来る」のである。

都市は近代化されたとはいえ、いやむしろ近

横網町公園の復興記念館。変形した車のエンジンや電柱などが空襲のすさまじさを伝える。

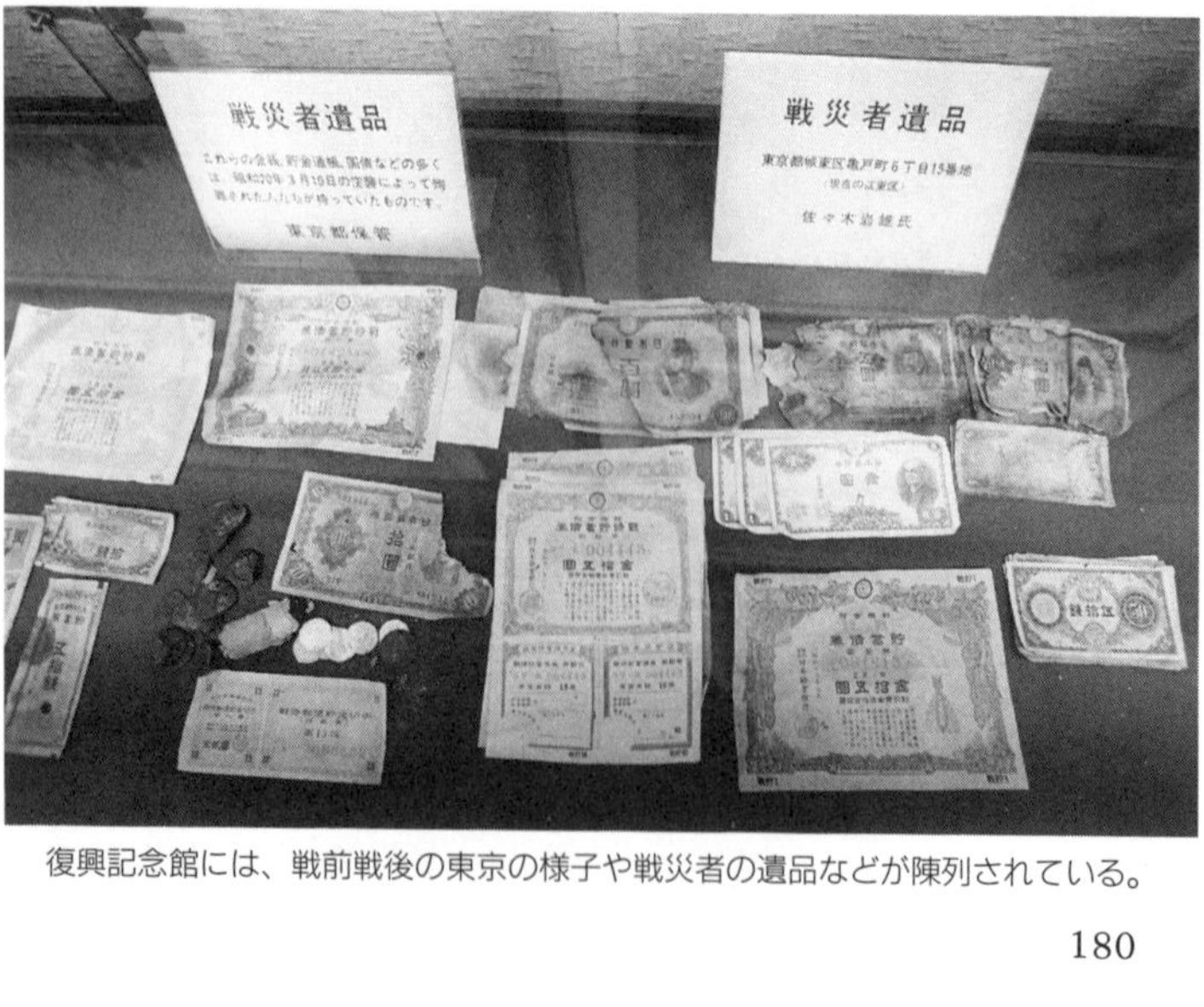

復興記念館には、戦前戦後の東京の様子や戦災者の遺品などが陳列されている。

隅田川の言問橋（ことといばし）のたもとにある東京大空襲慰霊碑。

代化されたがゆえに災害にもろく、しかも政治や行政の不手際が、被害を一層深刻なものとしたのである。被災から何年たっても、依然として救済されないままの人びとが大勢いる現実を、わたしたちは直視しなければならないのである。

その意味で、東京都慰霊堂の持つ意義は、いままた新しい。

太平洋戦争が終わると、昭和二十六（一九五一）年、都内の戦災犠牲者の遺骨も安置して、東京都慰霊堂となった。復興記念館には戦災の遺品なども陳列されている。

いまの東京からは想像もつかないが、あの戦争の末期、米軍による空襲によって都内のあちこちは一面の焼け野原になった。

特に、戦争が終わる五カ月前の昭和二十（一九四五）年三月十日の、いわゆる「東京大空襲」で

▲朝鮮人犠牲者追悼碑。関東大震災の時、流言によって数多くの朝鮮人が虐殺された。この痛ましい歴史を忘れぬための追悼碑が、横網町公園の片隅にある。
▼虐殺事件の現場の一つが荒川の木根川橋付近。毎年９月のはじめ、在日の人たちが中心となって「朝鮮人殉難者慰霊祭」が行われている。（京成押上線八広駅下車）

は、一夜のうちに東京の下町一帯を焼け野原にした。二時間ほどの間に、死者で町や川が一杯になった。

米軍の「大型爆撃機Ｂ29」三百三十機余（いろいろな説あり）が、爆弾、焼夷弾をそれこそ雨のように落とした。空襲は、そのあともさらにつづいた。

死者の多くは見分けようもないほどの無残な姿になってしまった。一家全滅もあった。大半が無縁仏になった。一体、何人が死んだのか正確な数字は出しようもないが、「三月一〇日の一晩で、ざっと一〇万人からの犠牲者が出たことは、ほぼまちがいないところだろう」「結局一〇万人近い大部分の遺骨は、四七〇個の大壺に収め、東京都慰霊堂内の〝昭和大戦殉難者納骨堂〟に納められたままである」（早乙女勝元『東京大空襲――昭和20年3月10日の記録』岩波新書）

🚃東京都慰霊堂、復興記念館・朝鮮人犠牲者追悼碑は、ＪＲ総武線、地下鉄大江戸線両国駅下車徒歩8分、横網町公園の中にある。

🚃東京大空襲・戦災資料センターは、地下鉄住吉駅から徒歩15分。開館時間・休館日等は事前に問い合わせを。☎03－5857－5631

◈NHK放送博物館

※敗戦前後

大正十四（一九二五）年、日本最初のラジオ放送局が開設されたのが、港区の北部にうずくまるようにして盛り上がる、標高二十六メートルの愛宕《あたご》山である。

江戸時代には山上から東京湾を一望できた景勝の地だった。愛宕神社のほかいくつもの石碑がある。

万延元（一八六〇）年三月三日、井伊大老を襲った水戸浪士たちの碑があるのは、浪士たちがまずここに集結したから。この事件についてはすでに紹介した。

太平洋戦争が敗戦に終わったあと、尊攘義軍《そんじようぎぐん》と称して大臣邸を襲った人たち十数人が、ここで自決して果てた弔魂碑などもある。

旧・東京中央放送局のあった場所にいま建っているのがNHK放送博物館。放送の歴史がよくわかるように、実際に使われていた機材が陳列してあるが、その中で異彩を放っているのが、古ぼけた一枚の録音盤だ。

広島に原爆が落とされ、ソ連が参戦して、日本は崖のふちに立たされていた。

昭和二十（一九四五）年七月から八月にかけて、ベルリン郊外のポツダムで開かれたアメリカ・イギリス・ソ連の首脳会談で、すでに降伏しているドイツの戦後処理と、日本に対する降伏勧告などが話し合われた。

さらに中国も加わり、話し合いの結果に基づいて、いわゆる「ポツダム宣言」が発せられた。日本政府は、この宣言を受け入れるかどうするかで、大混乱になっていた。

閣議の大勢は、もはや戦争をつづける力なし、という判断で、宣言を受ける方、つまり降伏に傾いていたが、阿南惟幾《あなみこれちか》陸軍大臣が強硬に反対した。

「一億、枕を並べて死んでも、大義に生きるべきである。あくまで戦争をつづけよう。本土決戦にも自信あり」というのだった。

つまり、本土決戦で日本国民は亡びるかも知れないが、アメリカにも損害を与えて、立派に戦ったということになるではないか、というわけだ。

こんな議論がおこなわれているなんて、国民はまったく知らない。しかし、うっかり口に出したら憲兵や警察に捕まってしまうから、だれも黙っていたけれど、みんな、もうダメだ、と観念していたようだ。

敗戦の日、官邸で割腹自殺した阿南惟幾陸軍大臣の血染めの軍服と遺書（靖国神社・遊就館、改装前）。

NHK放送博物館には、玉音盤と昭和20年当時のラジオが展示されている。

降伏に断固反対する陸軍大臣の背後には、場合によっては、クーデターを起こして、天皇を脅してでも「戦争継続」の意見を通そうと図る軍人たちの動きがあった。

閣議はなかなか結論を出せない。その間に長崎にも原爆が投下された。

鈴木首相はついに、天皇の「ご聖断」を仰ぐことにした。建前としては「立憲君主制」の「明治憲法」は生きているから、政治的決定は閣議がおこなうのであって、天皇自身がおこなうことはない。

しかし、「戦争継続派」がすごみをきかせているのでは、天皇ご自身の決断、つまり、「ご聖断」に頼る以外に道はないと、首相たち「和平派」は考えた。

首相、陸・海両相、などを前にして、天皇は、はっきりと「ポツダム宣言」を受ける考えを示した。

「本土決戦になったら日本民族は皆死んでしまうことになる。自分のことはどうなってもかまわない。耐えがたいこと、忍びがたいことだが、この戦争をやめる決心をした」

しかし、この後も陸軍を中心にして、降伏反対の動きはつづく。クーデターによって天皇をおさえ、「ご聖断」を改めさせようとする計画まで作られた。

鈴木首相は、きわめて異例だが、天皇自身に「御前会議」を招集してもらって、もう一度、「ご聖断」を仰ぐことにした。天皇の意見はかわらなかった。「国民は何も知らないから動揺するだろうから、わたしが国民に呼びかけることがよければ、いつでもマイクの前に立つ」

その放送は十五日正午と決まった。十四日深夜、宮内省の奥深い天皇の執務室で、国民に「降伏」を告げる「お言葉」が録音されたのである。

一部の軍人は、この録音盤を奪おうとしてクーデターを起こし、近衛第一師団長を説得しようと試みたが、聖断を理由に断られた。一味は、師団長をその場で殺害すると、ニセの師団長命令を出した。このニセ命令によって近衛連隊の一部が皇居に乱入した。

しかし、冷静に天皇の判断を守ろうとする軍人もいたために、「録音盤」は、ようやくのこと、無事に放送局に入った。

クーデターの首謀者は自殺し、阿南陸軍大臣はクーデターの最中に、官邸で割腹自殺をとげた。

翌十五日朝から、ラジオは、「正午に重大ニュースがある」と繰り返した。そして、正午の放送が始まった。ここに、戦争は終わったのである（『日本の歴史』25・太平洋戦争。林茂、中公文庫、などによる）。

わたしは埼玉のある町にいた。放送のときは、真夏の太陽がじりじりと照りつけて、入道雲が湧いていた。全国的には霧雨《きりさめ》のところもあったらしい。

その「録音盤」は、博物館の片隅でいま、静かに歴史を語っている。

地下鉄三田線御成門駅、同日比谷線神谷町駅から徒歩10分。

◇マッカーサー司令部――第一生命館

昭和二十（一九四五）年八月三十日、連合国軍最高司令官ダグラス・マッカーサーが厚木飛行場に降り立った。

トウモロコシのキビで作った、将軍お好みのコーン・パイプを手に、拳銃一つ持たぬ丸腰で、何の飾りもない軍服をさらりと着こなした姿は、後に新聞の写真で見たけれど、その「さり気なさ」こそが、実は、この人物の得意の「演技」だったのである。

開戦の初期のころ、フィリピンにいたマッカーサー司令官は、日本軍の攻勢のため、オーストラリアに脱出した。このときにはいた「名文句」が「アイ シャル リターン（わたしは必ず戻る）」だった。断固、フィリピンに帰って来るぞ、というわけ。

フィリピンは十六世紀末からスペインの植民地だった。十九世紀後半、「独立の父」といわれるホセ・リサールたちの独立運動が起きた。これにアメリカが介入して、スペインとの間で米西戦争になった。

一八九八年、アメリカの支援を受けた革命軍が独立を宣言した。しかしアメリカは、グアム、プエルトリコとともにフィリピンの統治権をスペインから譲り受けた。アメリカはフィリピンを植民地にしたわけだ。

これに革命軍が抵抗したため、アメリカ軍が弾圧して、アギナルド大統領を逮捕した。このときの米軍司令官は、マッカーサーの父だった。父子二代にわたってフィリピンとの因縁は深い。

その一九〇一年から、日本軍が進攻するまでの四十年間、フィリピンはアメリカの植民地だった。

連合国軍総司令部（GHQ）になった第一生命館。

やがて反攻に移ったアメリカ軍は昭和十九（一九四四）年十月、フィリピンのレイテ島に上陸した。マッカーサーは「わたしは帰って来た」と放送した。

フィリピンをはじめ、一時は勢いよく占領していったところを、次々に奪い返されていった日本はやがて降伏した。厚木の陸軍飛行場に降り立ったマッカーサーは、いったん横浜に落ち着いたあと東京に入った。

いまの日比谷交差点の近く、お堀に面した第一生命相互ビル（当時）が連合国軍総司令部（GHQ）になった。

このビルの一室に陣取ったマッカーサー連合国軍最高司令官は、占領下日本の「最高権力者」として君臨したのである。

その最も象徴的な「事件」は、昭和天皇のマッ

マッカーサーの座った椅子も机も当時のまま保存されている。

カーサー訪問だった。九月二十七日、いまは亡き天皇は、アメリカ大使館に「最高権力者」を訪ねた。

そのときの写真が新聞に大きく載った。天皇が礼服に威儀を正して直立しているのに対し、背の高いマッカーサーは平服で、しかも腰に手をあてて、いかにも寛《くつろ》いだ様子。まさに勝利者と敗者の姿だった。

日本政府はこの写真を掲載した新聞を発売禁止処分にしたが、GHQは処分の撤回を命令した。マッカーサーが名実共に「最高権力者」であることを、日本国民に具体的な形で見せつけることになった「事件」だった。

占領を日本国民は、まことに静かに素直に受け入れた。連日の空襲で大都会は焼け野原になり、食うものも着るものも、燃料もなにもかも無い暮らしに、人びとはくたびれ果てていた。アメリカ軍が放出する食料や衣料品に日本国民は群がった。言論や表現は、占領下ゆえの制限（たとえば占領軍を批判するようなことはできなかったし、広島・長崎の惨禍をありのままに伝えることはできなかったのだけれど）は結構あったにしても、ともかくも、自由になった。歌やファッションなどに、アメリカ文化が勢いよく流れ込んできた。

「最高権力者」マッカーサーのもとに、ついこの間まで、「鬼畜米英」と叫んでいた日本国民から沢山の手紙が寄せられるようになった。

連合国軍最高司令官ダグラス・マッカーサー。

袖井林二郎氏の著書『拝啓マッカーサー元帥様占領下の日本人の手紙』(大月書店)は、歴史の断面、一つの日本人論として、まことに興味深い労作である。

占領軍総司令官として君臨したマッカーサーとその総司令部（GHQ）に、推定約五十万通の投書があった。

「世界史に数多い占領の歴史のなかで、外来の支配者にこれほど熱烈に投書を寄せた民族はない」(前掲書)

その手紙はアメリカに保存されている。袖井氏はそのなかから、さまざまな投書を紹介している。

「マッカーサー元帥ノ万歳ヲ三唱シ」ではじまる手紙は、「元帥ノ御尊名ヲ松嘉佐ト」書けば、「千年モ万年モ動キナキ美シキ松ノ姿ガ表レテ」と持ち上げるのがあれば、「日本を属国となしくだされたく」と懇願するのもある。アメリカに合併してくれ、と頼むのもある。

いわゆる庶民に限らず、さまざまな分野で指導的な立場にある、名の通った人びともまた同じようにお追従《ついしょう》を書き、頼みごとを直訴《じきそ》した。

「あのような手紙を書く民族は、自分より劣っていると見なした人びとに向かっては、傲然と胸をそらして見下すのではあるまいか」（前掲書の「私的なあとがき」）。

このようなわたしたちの姿を、折りにふれて振り返ってみなければならない。あのバブルのころ経済人たちが、「欧米には、もう学ぶべきことはなくなった」と広言していた姿は、マッカーサーに対するお追従の裏返しにすぎないのだろう。

やがて、アメリカ対ソ連の「東西対立」の代理戦争である朝鮮戦争がはじまった。北朝鮮軍の側にはソ連・中国があり、韓国軍の側にはアメリカ軍を中心とする「国連軍」があった。「国連軍最高司令官」はマッカーサーである。

苦戦するマッカーサーは中国東北地区への爆撃、核兵器使用を主張したが、トルーマン大統領は「第三次世界大戦」に発展するような愚は避けた。

政府と対立したマッカーサー元帥は、即座にクビになった。日本を支配する英雄であり最高権力者である人物が、大統領によって、アッという間にクビになる現実に日本国民はビックリ仰天。

なにしろ、ついこの間まで軍人に支配されて、政治家なんぞは無力の日本だったのだから。軍部が政治に介入するのを防ぐために、軍部を軍人でない「文民」が制御する「シビリアン・コントロール（文民統制）」というものを、日本人ははじめて経験した。

職を解かれてアメリカに帰国したマッカーサーは、「日本人の精神年齢は十二歳」と語ったり、議会で、「老兵は死なず、ただ消え去るのみ」という名文句を残したりした。

そのマッカーサーが権力を振るったＧＨＱの部屋がいまも、ほとんど当時のままに保存されている。日比谷交差点に近いお堀端《ばた》にそびえる旧・第一生命相互ビル（現・ＤＮタワー、通称、第一生命館）である。

敗戦、占領という残念な歴史であっても、近代日本を考える上で避けて通ることのできない場所を、企業がこのように保存しているのは素晴らしい。歴史と文化に対する高い見識あってのこととわたしは評価している。

■ＪＲ有楽町駅、地下鉄日比谷線日比谷駅下車すぐ。

◇東京裁判

六十階建ての高層ビルを中心とする、池袋のサンシャインシティのあたりに、かつて東京拘置所があった。

マッカーサーの占領時代は「スガモ・プリズン」と呼ばれて、「戦争犯罪人」が収容されていた場所だ。

太平洋戦争が日本の敗戦に終わると、判事を出した連合国十一カ国は、日本の戦争指導者二十八人を戦争犯罪人として裁いた。

これが極東国際軍事裁判だ。略して「東京裁判」といっている。この「戦争犯罪人」たちの収容されていたのがスガモ・プリズンだった。

やはり戦争に敗れたドイツの戦争指導者たちはニュルンベルクで開かれた軍事裁判で裁かれた。「ニュルンベルク裁判」と呼ばれた。

日本の戦争指導者たちに対する起訴状は、「平和に対する罪」「殺人」「通例の戦争犯罪および

市ヶ谷記念館。帝国陸軍の中枢、士官学校、陸軍省、参謀本部、大本営などに利用された建物。見学は要予約（陸上自衛隊市ヶ谷駐屯地広報室・03−3268−3111）。

市ヶ谷記念館ホール。極東国際軍事裁判の法廷として使われた講堂は、自衛隊市ヶ谷駐屯地の中に「市ヶ谷記念館」としてほぼ忠実に再現され一般に公開されている。

人道に対する罪」など。公開された裁判によって、それまで日本国民がまったく知らなかった戦争の実態が、かなり明らかになった。

裁判中に死亡したり、精神異常で裁判を免訴になった三人を除く全員が、有罪の判決を受けた。戦争を始めたときの首相、東条英機など七人は死刑になった。

裁判が始まる前は、「昭和天皇」がどう扱われるかに国民の関心が集まっていたが、裁判の中心になっていたアメリカの考え方によって免責になった。占領統治を円滑におこなうために、日本国民の国民感情に配慮した結果だといわれている。

戦争に勝った国が負けた国を裁く軍事裁判に、そもそも法の下の平等がありうるのか、法と正義の名を借りた報復にすぎないではないか。

日本軍による虐殺をいうなら、広島・長崎の原爆攻撃、東京大空襲の「虐殺」はどうなるのか。重大な問題をたくさん含んだ裁判だった。

朝鮮に対する日本の植民地支配も裁かれることなく終わった。もしもそれを裁いたら、アジアの各地は、アメリカ、イギリス、フランスなどの植民地だらけ。自分たち自身をも裁かなくてはならなくなってしまうではないか。裁く側にとって都合の悪いところは外した裁判でもあった。

しかし、欧米諸国がやっているからわれわれだってやっていいんだ、なんぞと小さく考えたくはない。彼らがどうであろうと、罪をおかしていようと、わたしたちの問題はわたしたち自身のこととして考えたい。日本のおこなった植民地支配や侵略戦争について、特にアジアの人びとに対してこころの底からおわびをしたい。

実はわたしは、あの東京裁判を傍聴したことがあるのだ。法廷は、市ヶ谷の旧陸軍省のなかの大講堂だった。当時、小学生だったわたしは、亡父が新聞記者だったために手に入れた傍聴券を手に行列していた。

体の大きなMP（軍警察官）が身体検査をしていた。わたしの番になるとMPは、わたしのわきの下に手を入れて、ヒョイと高く持ち上げて地面に下ろすとOKといった。高く持ち上げられて仰いだ空の青さをいまも覚えている。子ども心に、アメリカの人間の良き面と、「民主主義」

桜田門前から間近に見える国会議事堂。

のようなものを感じた瞬間でもあった。

サンシャインシティの古代オリエント博物館や市ヶ谷記念館を歩きながら、自分自身が、日本の現代の歴史の上を歩いていることを、ときに意識してもらいたい。

■サンシャインシティはJR池袋駅、地下鉄有楽町線東池袋駅下車で徒歩。
■市ヶ谷記念館は、地下鉄新宿線曙橋駅から徒歩5分、市ヶ谷駐屯地の薬王寺門より。

◇国会議事堂

いまさらあらためて紹介するまでもない建物だ

国会議事堂の中央広間、ステンドグラスや装飾が美しい。

けれど、そのまわりはなかなかいい散歩道だ。歴史に思いを走らせながらのんびり歩いてみるのもいい。

マッカーサーによる占領がまだつづいていた昭和二十一（一九四六）年十一月三日、日本国憲法が公布された。

この憲法が、国民の代表者からなる国会こそ、国権の最高機関であり、ただ一つの立法機関であることを定めているのだ。

この議事堂のなかでおこなわれていることが、はたして、この定めに恥じないものであるのかどうか、わたしたちは常に厳しく見つめていなければならない。

その意味でも国会議事堂は、一度は見学しておきたい。意外に簡単に見学できることはあまり知られていない。

祝祭日、年末年始を除く月曜から金曜日までの午前九時半から午後四時まで。議事堂の裏手にある参観係の窓口で申し込む。ある程度の人数がまとまるまで待つこともあるけれど、まとまらない場合でも案内の人がついて参観できる。規則とエチケットを守らなければならないことはいうまでもない。

問い合わせは電話、03・5521・7445 警務部参観係

地下鉄有楽町線・半蔵門線永田町駅、同丸の内線・千代田線国会議事堂前駅下車で徒歩5分。

◇あきる野市五日市郷土館

都心の国会議事堂から急に、多摩の「あきる野市」の五日市《いつかいち》にとぶ。唐突のようだけれど、ここに今日《こんにち》のわたしたちの民主主義国家の「原点」があるからだ。

この郷土館だけを目当てに行っても、それだけの価値はあるし、ハイキングと組み合わせれば一日を過ごすに絶好の場所である。

山と清流と、そして、わたしたちの先人が、自分たち自身で憲法を創造しようとした苦心の跡をたどることができるからだ。

ＪＲ五日市線の武蔵五日市駅を出て、右に少し歩くと警察署があって、そのすぐ裏手が郷土館だ。

このあたりの昔の暮らしをしのばせるいろいろな道具は、素朴だけれど「力」に満ちていて美しい。

二階の特別展示室に入ると、「五日市憲法草案」のコーナーが設けられている。

明治のはじめごろ、全国的に自由民権運動が広がった。そのなかで、はやくから憲法の必要性が説かれていた。

国会開設運動の盛り上がりといっしょに、全国あちこちで「憲法私案」がつくられた。これを「私擬《しぎ》憲法」という。

これまでの調査や研究で、ざっと六十の「私擬憲法」が発見されている。もちろん、政府と官僚の側も憲法草案を考えていたが、民間のこの「私擬憲法」の方がはるかに多く、内容も多彩だった。

天皇・貴族院・衆議院の三者に主権があるとする案、議会主権説に立つ二院制案、君主権を制限して人権保障を強めた案などが主なものだった。

深沢家屋敷跡に残る白壁の土蔵、この中から「五日市憲法草案」が発見された。

そのなかでも「五日市憲法草案」は、豊かな人権規定を持っている点で実に素晴らしかった。

自由民権運動は五日市でも盛んだったことは知られていたが、このような憲法草案まで作られていたことは、つい最近までわからなかった。

武蔵五日市駅と郷土館の中間あたりに西武信用金庫がある。そこを駅からすれば右に入ると、道は次第にゆるやかな上り坂になる。きれいな流れの三内川に沿った道を、のんびり一時間ほど歩くと、道端に東照山真光禅院がある。そのすぐ先の大内橋の右に、木造の立派な門がある。

ここが、「深沢家」の屋敷跡だ。門のくぐり戸からなかに入ると、すぐ右手に白い土蔵がそびえている。

昭和四十三（一九六八）年の夏のことだった。東京経済大学の色川大吉教授のゼミのメンバーが

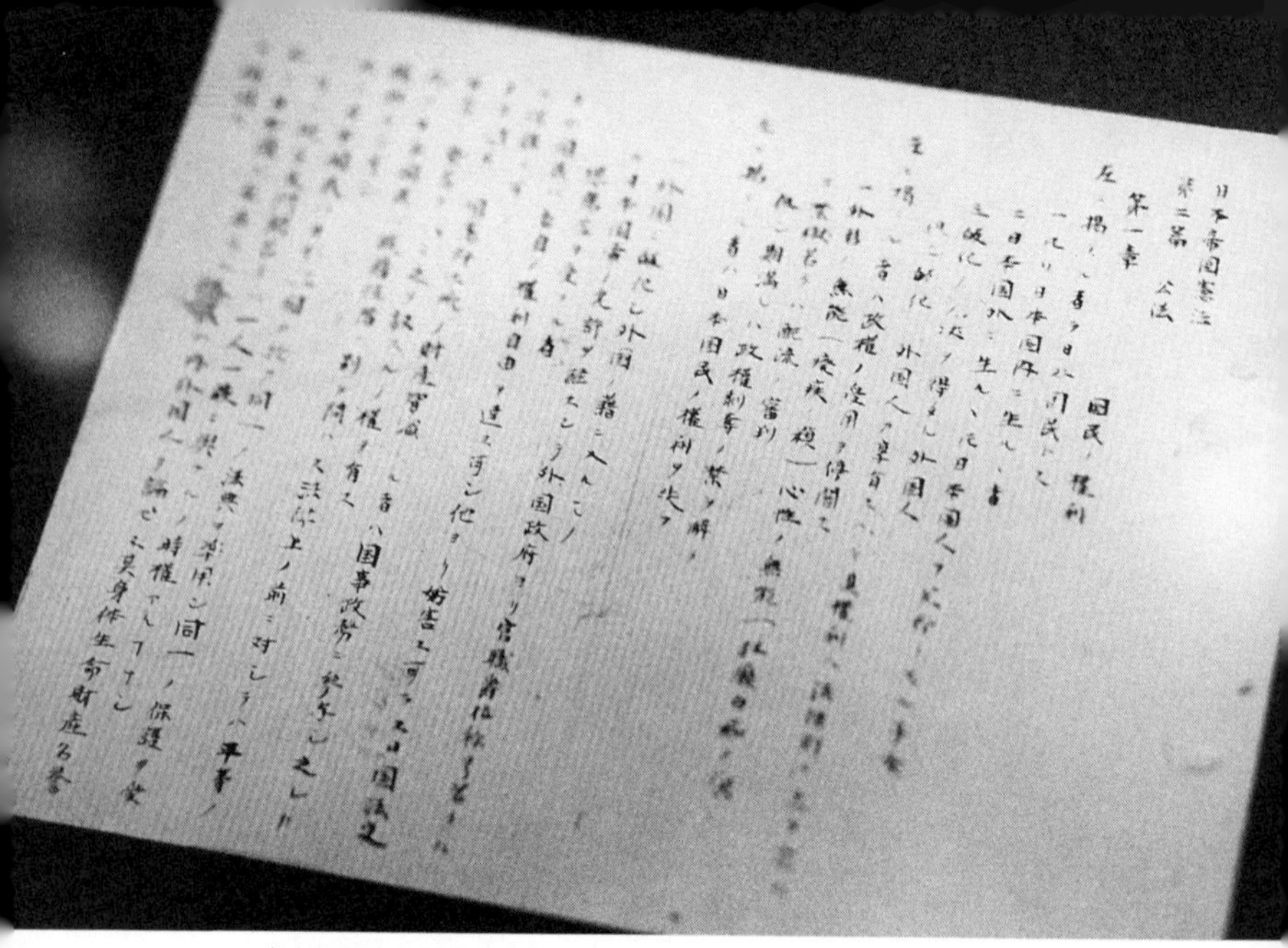

あきる野市五日市郷土館で目にすることのできる憲法草案の一部。

この場所に集まった。

江戸時代後半から明治にかけて、この地域の名《な》主《ぬし》や戸長であった山林地主の深沢家は、すでに町に出て、小高い場所にあるその屋敷跡には先祖代々の墓と、朽ちかけた土蔵が残るのみだった。

一行は、その土蔵のなかに眠る古い文書の調査にやってきたのだ。多分、八十年は開けたことがないといわれる二階には、沢山の文書がつまっていた。

触ればボロボロになってしまいそうな行李《こうり》のなかに、小さな風呂敷包みがあった。なかから、法律を書き連ねた文書が出てきた。

はじめは、明治の「大日本帝国憲法」を写しとったのだろう、ぐらいにしか思わなかった。ところが、あらためて検討してみると、別のまったく新しい憲法であるという衝撃的な事実に気がついたのである（『「五日市憲法草案の碑」建碑誌』同郷土館発行、のなかの新井勝紘さんの文章による）。はじめは、当時、あちこちで作られていた私擬憲法の写しだと思われていたのが、実はここでのオリジナル、しかも全二百四条という長さであり、豊かな人権意識を盛り込んだものであることがわかった。

『建碑誌』（同郷土館で買える）には、その憲法草案の全文が収録されている。たとえば……。

四五　日本国民ハ各自ノ権利自由ヲ達ス可《べ》シ他ヨリ妨害ス可《か》ラス《ず》且《かつ》国法之《これ》ヲ保護ス可《べ》シ

四七　凡《およ》ソ日本国民ハ族籍位階ノ別ヲ問ハス《ず》法律上ノ前ニ対シテハ平等ノ権利タル可《べ》シ

といった具合である。「千葉卓三郎」という学校の教師を中心にして民権派のグループが討論して書き上げたものだった。いまそれは、先人に対する敬意をこめて、「五日市憲法」と名づけられているのだ。

土蔵も保存されているし、「新憲法」について議論しあったときのメモなども郷土館で見ることができる。

四季折々の景色を楽しみながら、実に素敵な先人たちの憲法への思いを味わう、一日の旅を試みてみよう（この地域の旅には、東京都歴史教育研究会『東京都の歴史散歩』下、山川出版社、が便利）。

屋敷跡の草地は、のんびり時をすごすに絶好の場所だ。春夏秋もいいけれど、冬もまた味わいは格別だ。

🚌五日市線武蔵五日市駅下車。あきる野市観光課の「散策モデルコース」のうち「深沢・樽コース」は、駅—5分—西武信用金庫手前右折—60分—深沢家土蔵—20分—南沢林道—30分—樽沢林道—30分—金比羅山—45分—駅。

◈「五日市憲法」と「日本国憲法」を結ぶ線上の場所を歩く

いま何気ない表情をして、多くの人びとを送り迎えしている場所も、さまざまな歴史を秘めた場所であることを知りたい。

たとえば、上野駅の地下鉄に通じるあたりの地下道。あの戦争が終わったころ、地下道は、空襲で親を失った大勢の子どもたち、いわゆる「戦災孤児」たちの寝ぐらだった。

道の真ん中をほんのわずかに残して、地下道の壁際には孤児たちが寝そべっていた。

ボロボロの衣服に、あかで真っ黒になった顔と腕。わたしも子どもで、腹はすかしていたけれど、はるかに恵まれた暮らしをしていた。

なにかの折りにそこを通らなければならなかったときの、恐ろしさを、後ろめたい思いとども

戦災孤児たちの寝ぐらだった上野駅地下道。

に覚えている。飢餓のなかを生き抜くことができたならば、あの子どもたちもわたしと同じぐらいになっているわけだ。

いまもわたしは、地下鉄に乗り換えるために地下道を通ると、きまって、あの光景を思い浮かべるのだ。

日比谷公会堂で演説していた社会党の委員長、浅沼《あさぬま》稲《いね》次郎《じろう》が右翼の少年に刺し殺されたのは、昭和三十五（一九六〇）年十月十二日のことだった。

その年は日本とアメリカの新・安全保障条約（安保）に反対するデモが連日のように国会議事堂を取り囲んでいた。

六月十五日、全学連（全日本学生自治会総連合）主流派が国会へ突入しようとして警官隊と衝突した。東大生、樺《かんば》美智子さんが死んだ。

浅沼委員長は、この時期、「安保反対」闘争を

在日米軍の司令部が置かれている横田基地。大型の輸送機が翼を休めていた。

進めていて暗殺されたのだった。その社会党もやがて名前を変えて、消えてしまったのである。

中央線立川駅からすぐの、国営・昭和記念公園も、歴史を秘めた場所。

旧・日本軍の飛行場から、戦後はアメリカ軍の飛行場になり、昭和三十（一九五五）年には「立川基地拡張計画」が進められた。このとき、地元の農民を労働者や学生たちが支援した反対運動が激化した。「砂川闘争」だった。

アメリカ軍は計画を止め、十数年後には日本側に返還になった。その一部が、いまの公園なのだ。

JR八高《はちこう》線東福生《ふっさ》駅の近くに広がるのは米軍・横田基地。もともとは多摩陸軍飛行場だったが戦後にアメリカ軍が使用するようになり、昭和二十五（一九五〇）年の朝鮮戦争のときに機能が拡大された。

沖縄の嘉手納《かでな》基地とともに米軍の重要基地だ。べ

立川基地は返還後、昭和記念公園となった。巨木のまわりに平和な光景が広がる。

トナム戦争のときは、戦死した米軍兵士の遺体が毎日のようにここに運び込まれていた。

などといろいろ記してくると、どこにも歴史があるのだなあ、という思いしきりだけれど、たとえば「砂川闘争」のころわたしは、早稲田の学生だった。教室の仲間は毎日のようにみんなで砂川に行っていた。

授業は「自然休講」になってしまう。わたしは、これ幸いとばかり、グラウンドに行ってサッカーボールを追っていた。闘争なんかになんの関心もなかった。

そんな人間が、いまになって「歴史、レキシ」だなんて言い募《つの》るのは、ただのコッケイかも知れない。

図々しくいうなら、だからこそ、へえ、そんな歴史があったのかと、あらためて認識しなおそうという気になっているのだ。

●——あとがき

まずはじめに大きな声でいっておきたいことがある。

『千代田区史跡散歩』にはじまって『江戸川区史跡散歩』に終わる全二十三巻の『東京史跡ガイド』(学生社)シリーズがなければ、わたしはこの本を書けなかった。

わたしがはじめてこのシリーズの世話になったのは、もう二十年も前の社会部記者時代だった。東京であれこれ書くには、東京の歴史を知らなければ話にならない。

たとえ歴史に関係のないことを書くようなときでも、その背景にはかならず歴史が潜んでいる。

たとえば、「銀座」について簡単に記すにしても、銀座の歴史を知らないのと、知っているのとでは、文章に差が出る。その差は、読む人には気づかれないかも知れないが、書いている自分自身は落ち着かない。

だから、このシリーズにはひんぱんに世話になった。今度この案内書を作るにあたって、まず手にしたのは当然ながらその昔なじみだった。以前のままの版でも立派なものだが、新しい版が出ていた。うれしかった。大勢の郷土史家や、その道の専門家、ベテランが実に細やかに記述して下さっている各ページを熟読した。わたしの文章は、そのなかのサワリだけを失礼にも抜き書きしたようなもの。もっと詳しく知りたい人は、ぜひシリーズを直接手にしていただきたい。また縮刷版『江戸学事典』(弘文堂)にもたいへんお世話になった。

それ以外にも、沢山の本から引用させてもらった。まことに勝手な引用の仕方で、原文の持ち味や意味を損ねていなければいいのだけれど、大いに不安だ。いちいちお名前は挙げませんが、お礼とお詫びを、ここに合わせてしておきます。

写真の福井理文さんには、ご迷惑をおかけした。写真はとうにできあがっていたのに、わたしのほうが遅れにおくれて、いまになってしまった。折角お撮りになったものを、わたしの恣意的な文章のために割愛していただいたもの多数にのぼる。お許しください。

高文研の梅田正己代表、同社スタッフのみなさんにも、遅れてご迷惑をかけた。内外ともに、お詫びすることばかりです。

一九九九年三月

四十年暮らした朝日新聞を去る日の前日の「桃の節句」に

轡田隆史

[新版] 追記

あたりまえのことだけれど、大都会は巨大な生き物だということがよくわかった。本書初版の発行から五年、この間、もちろん部分的にだが東京は激しく変わった。

たとえば「肉弾三勇士」の銅像と墓のあった港区愛宕《あたご》の青松寺周辺（一〇九頁）。再開発で景観は一変し、青松寺自身も立派な建物に変わっていた。幸い三勇士の銅像は、場所は移されたが健在だった。

地下鉄は大江戸線が開通した。本書に取り上げた下町一帯の旧跡は、この大江戸線が便利なところが多い。各項文末の交通案内には、この大江戸線の駅名を加えた。

第Ⅳ章、靖国神社・遊就《ゆうしゅう》館の項では、写真をかなりさしかえなくてはならなかった。二〇〇二年、遊就館が全面的にリニューアルされたからだ。そのため、福井理文さんには改装後の新たな展示を改めて撮影していただいた。

そのほかこの五年の間に、新宿には平和祈念展示資料館が、江東区には東京大空襲・戦災資料センターが設立された。いずれも福井さんに足を運んでもらい、一点ずつだが写真を掲載した。

日比谷の第一生命館には第二次大戦後に日本を占領した連合国軍最高司令官マッカーサーの執務室が当時のまま保存され、申し込めば見学することができたが、例の「9・11」以後、「テロへの警戒」からそれができなくなった。こんなところにも、時代は鋭く影を落としているのである。

（2004・8・15　轡田　隆史）

轡田隆史（くつわだ・たかふみ）
1936年、東京に生まれる。早稲田大学政治経済学部卒業。朝日新聞東京本社社会部員、デスク等をへて論説委員となり、1989年より96年まで８年間、夕刊コラム「素粒子」を執筆。99年３月、朝日新聞社を退社、同年４月よりテレビ朝日のコメンテーターを務める。日本大学法学部非常勤講師、日本記者クラブ、日本ペンクラブ、日本エッセイストクラブ、日本山岳会会員。
著書：『「考える力」をつける本』（三笠書房）他多数。

福井理文（ふくい・りぶん）
1957年、東京に生まれる。東京理科大学中退、現代写真研究所卒。フリーランス・カメラマン。
著書：『東京の山里に生きる・中学生の四季』『観光コースでない韓国』『目で見る・出版ジャーナリズム小史』（高文研）、『高校生紳士録』（私家版）

観光コースでない 東京
――「江戸」と「明治」と「戦争」と

●一九九九年　七　月　一　日――初版第一刷発行
●二〇〇四年　九　月二〇日――新版第一刷発行

著　者／轡田隆史・福井理文

発行所／株式会社 **高文研**
東京都千代田区猿楽町二―一―八
三恵ビル（〒101=0064）
電話　03=3295=3415
振替　00160=6=18956

印刷・製本／精文堂印刷株式会社

★万一、乱丁・落丁があったときは、送料当方負担でお取りかえいたします。

ISBN4-87498-330-8　C0021